Veronika & Sebastian Bohrn Mena

# KONZERNE AN DIE KETTE!

Veronika & Sebastian Bohrn Mena

# KONZERNE AN DIE KETTE!

## SO STOPPEN WIR DIE AUSBEUTUNG VON UMWELT UND MENSCHEN

Brandstätter

# Inhalt

# Vorwort

Ich sehe Arti bis heute vor mir. Verzweifelt saß die damals 29-Jährige, die in Wirklichkeit anders heißt, auf dem Boden einer ärmlichen Hütte im Nichts einer endlosen Palmölplantage und wiegte ihre wenige Monate alte Tochter in den Schlaf. Gerade war sie mit ihren fünf Kindern wieder bei ihren Eltern eingezogen, die so mittellos waren wie sie. Als ich die junge Mutter 2014 auf Sumatra traf, hatte sie gerade ihren Mann Puji verloren. Sicherheitsleute der Palmölfirma Asiatic Persada hatten den 36-Jährigen mit Eisenstangen und Gewehrkolben so sehr misshandelt, dass er an seinen schweren Verletzungen starb. Der Mord an Puji war der Höhepunkt eines brutalen Landkonflikts: Seit fast dreißig Jahren kämpft die indigene Gruppe der Suku Anak Dalam um ihr Land, dessen Wald diese Firma illegal für eine Palmöl-Monokultur der Größe Münchens abgeholzt hat.

Ich erinnere mich genau, wie mich damals Trauer und Wut überwältigten. Als ich anschließend mit den beiden Menschenrechtsaktivisten, die mich bei meinen Recherchen auf Sumatra begleiteten, im Auto saß und wir den winzigen Friedhof mit Pujis frischem Grab passierten, kämpfte ich mit den Tränen. Ein Leben mit 36 Jahren ausgelöscht, eines so gut wie vorbei mit 29 Jahren, die Zukunft von fünf Kindern bestenfalls ungewiss. Wegen Tütensuppen, Tiefkühlpizza und Schokoriegeln. Ich fühlte mich schuldig. Schließlich lebe ich in einem Land, in dem die Supermärkte voll sind von Produkten, in denen genau dieses Palmöl steckt. Und die Verheerungen, die der Palmölanbau anrichtet, sind nur ein Ausschnitt des Zerstörungswerks, das fast all unseren Alltagsprodukten zugrunde liegt.

In diesem Buch haben Veronika und Sebastian Bohrn Mena viele weitere erschütternde Beispiele für Produktionsverhältnisse, die auf ausbeuterischen Verhältnissen gegenüber Menschen und Natur beruhen, zusammengetragen. Sie beschreiben, wie sehr jeder einzelne Produktionsschritt in den globalen Lieferketten darauf ausgelegt ist, so viel Profit wie möglich herauszupressen, auf Kosten von Menschen und Natur. Von den Kobalt- und Kupferminen in der DR Kongo, von wo die Rohstoffe für unsere Smartphones stammen, über die ausbeuterischen Technologie-Sweatshops in China bis zur Arbeit unter sklavenähnlichen Bedingungen auf den Containerschiffen, mit denen die Güter durch die Welt transportiert werden. Selbst eine harmlos scheinende Tiefkühlpizza ist ein ethisches Minenfeld, wenn man sich die Entstehungsbedingungen ihrer einzelnen Zutaten betrachtet: Von der Ausbeutung der migrantischen Tomatenpflücker*innen in Süditalien über die Milch von Hochleistungskühen bis zu den Sojamonokulturen, für die Regenwaldflächen gerodet wurden, und den Landwirt*innen, die um ihre Existenz kämpfen, zeigen die Autor*innen, dass Menschenrechtsverletzungen, Umweltzerstörung und Tierleid in der Lieferkette unserer Konsumgüter nicht die Ausnahme sind, sondern die Regel.

Aber tragen wirklich wir die Verantwortung dafür, die wir diese Dinge kaufen? Der Appell, „ethisch" zu konsumieren, damit umstrittene Konzerne aufhören, Natur und Menschen zu ruinieren, hat die Debatte, wie Waren hergestellt werden, lange Zeit dominiert. Darauf hat die Industrie reagiert und uns „grüne" Produkte in die Einkaufsregale gestellt. Je schädlicher diese sind, desto aufwendiger gestalten Konzerne ihr Greenwashing. Damit verdienen sie prächtig – zertifizierte Produkte sollen einen Handelswert von mehr als 30 Milliarden Dollar haben. Allein: Sie haben die Welt kein bisschen besser gemacht. „Wir müssen einfach aufhören,

diese Dinge zu kaufen, dann werden sie auch nicht mehr hergestellt." Solche Sätze habe ich immer wieder gehört. Hier hat uns die
Corona-Krise eines Besseren belehrt: Massenhafter Verzicht ist in
einem System, das auf Wachstum setzt, für das viel produziert und
billig verkauft werden muss, nicht vorgesehen. Infolge des erzwungenen Konsumstopps stornierten bereits zu Beginn der Pandemie
Textilkonzerne Aufträge in 1.000 Fabriken im Wert von 1,5 Milliarden Dollar. Millionen Arbeiter*innen im Globalen Süden wurden
gefeuert und stehen nun vor dem Nichts.

Wir sollten also nicht fragen: Was sollen wir kaufen oder
nicht? Sondern: Wieso können wir uns nicht darauf verlassen,
dass Produkte ökologisch und sozial gerecht hergestellt werden?
Warum schieben Unternehmen und Politik die Verantwortung
uns in die Schuhe? Und weshalb sollen wir überhaupt zwischen
Ausbeutung und gerechter Produktion wählen können?

Wo und wie produziert wird, entscheiden nicht Konsument*innen, sondern Konzerne. Unternehmen sind keine
Personen, die nach ethischen Überlegungen handeln. Es sind
Konzentrationen von Macht. Ihre Sonderrechte setzen sie immer
politisch durch. Dazu gehört auch die freiwillige Unternehmensverantwortung – die Corporate Social Responsibility (CSR) –, die
die Politik den Konzernen seit Jahren zugesteht, anstatt sie ver-
bindlich zur Verantwortung zu zwingen.

Als im April 2013 das Gebäude Rana Plaza in Bangladesch
einstürzte und mehr als 1.100 Menschen starben, konnte man auf
den Homepages der Modekonzerne, die in den dort untergebrach-
ten Textilfabriken Kleider nähen ließen, schöne Worte über ihre
freiwilligen Wohltaten lesen. Sie wurden aber weder juristisch zur
Verantwortung gezogen – kein*e einzige*r Manager*in wurde
bestraft –, noch waren sie bereit, freiwillig für das Desaster zu
haften. Nur dank des enormen gesellschaftlichen Drucks zahlten

sie, viel zu spät und viel zu wenig, in den Entschädigungsfonds für die Opfer und akzeptierten ein Brandschutzabkommen, dessen Unterzeichnung sie zuvor jahrelang verweigert hatten. Dieses gilt aber nur für die Textilindustrie in Bangladesch. Nach wie vor verunglücken laut der International Labour Organization (ILO) weltweit jedes Jahr 2,3 Millionen Menschen bei der Arbeit.

Bislang stehen Opfern von Menschenrechtsverletzungen in der Lieferkette nur unverbindliche Beschwerdemechanismen, etwa bei der OECD, zur Verfügung. Sie führen fast nie zum Erfolg. Laut dem globalen Netzwerk OECD Watch wurden seit dem Jahr 2000 mehr als 400 Beschwerden eingereicht. Aber nur ein Prozent hat zu positiven Veränderungen geführt. Auf der anderen Seite sind die Profite von Konzernen in Investitionsschutzverträgen rechtlich geschützt. Sie können Staaten sogar verklagen, sollten diese Auflagen zur Einhaltung von Menschenrechten und Umweltschutz machen, die den Konzerngewinn schmälern.

Ein weitreichendes Lieferkettengesetz hätte das Potenzial, dieses Machtungleichgewicht zu erschüttern. Es würde Unternehmen verpflichten, soziale und Umwelt-Risiken in ihrer gesamten Lieferkette zu erfassen und alles zu tun, um sie zu vermeiden. Käme es zu Verstößen, müssten Firmen haften, Betroffene könnten sie verklagen. So ein Gesetz hätte die Katastrophe von Rana Plaza möglicherweise verhindert. Auch Puji würde vielleicht noch leben. Denn die Firma Asiatic Persada, deren Sicherheitsleute ihn umbrachten, gehörte zuvor Wilmar International, dem Hauptlieferanten des Konzerns Unilever, der zu den größten Verbrauchern von Palmöl zählt. Während Unilever sich als besonders grün und verantwortungsvoll inszeniert, ist Wilmar vor allem für illegale Abholzung und Landraub bekannt. Asiatic Persada ließ Siedlungen der Suku Anak Dalam, die ihr Land in der Palmölplantage besetzten, plattwalzen, Bauern und Bäuerinnen ins Gefängnis werfen und auf Menschen schießen. Nach einer medienwirksamen Protestkampagne von NGOs versprach Unilever, Wilmar dazu zu bringen, die zerstörten Häuser wieder aufzubauen. Das ist nicht geschehen. Stattdessen verkaufte Wilmar seine Tochterfirma pro forma und die Gewalt eskalierte.

Natürlich kann ein Lieferkettengesetz nicht den Kapitalismus abschaffen. Aber wenn Unternehmen gesetzlich dazu verpflichtet wären, Menschenrechtsverletzungen und Umweltzerstörung auch im letzten Glied der Kette abzustellen, müssten sie über kurz oder lang ihre Einkaufspraktik ändern. Sie müssten Dinge so herstellen, dass sie lange halten und man sie reparieren kann. Rohstoffe müssten nicht nur recycelt, sondern auch reduziert werden, indem man abwägt, wie sie sinnvoll eingesetzt werden können. Ein verschwenderischer Irrsinn wie SUVs und Fast Fashion wäre nicht mehr denkbar. Alternativen, die längst auf dem Tisch liegen, etwa die Ideen zur Energie-, Landwirtschafts- und Verkehrswende, ließen sich schneller umsetzen.

Lieferkettengesetze können gewaltige Hebel für die Demokratisierung der Wirtschaft und für globale Gerechtigkeit werden. Die lokale Bevölkerung hätte mitzureden, wie und ob ihre Rohstoffe gewonnen, exportiert oder vor Ort verarbeitet werden. Aktivist*innen würden nicht mehr unterdrückt, eingesperrt oder ermordet, wenn es ein „Recht auf Rechte" gäbe. Wenn im Globalen Süden Menschen Firmen verklagen können, werden sie von anonymen Opfern zu Akteur*innen. Bislang sind solche Gerichtsverfahren selten, mühsam, für die Betroffenen unbezahlbar und überhaupt nur möglich, wenn NGOs sie unterstützen. 2015 reichten – mithilfe der Menschenrechtsorganisation Medico International und dem European Center for Constitutional and Human Rights (ECCHR) – Muhammad Hanif, Muhammad Jabbir, Abdul Aziz

Khan Yousuf Zai und Saeeda Khatoon Klage beim Landgericht Dortmund ein. Sie sind Überlebende und Angehörige von Opfern des verheerenden Brandes in der Textilfabrik Ali Enterprises in der pakistanischen Stadt Karachi, bei dem 258 Menschen im Jahr 2012 starben. Hauptauftraggeber der Fabrik war der deutsche Textildiscounter KiK. Zwar wies das Gericht die Klage – die erste ihrer Art in Deutschland – 2019 wegen Verjährung ab. Doch für die Kläger*innen war dies ein emanzipatorischer Akt: Sie verschafften sich international Gehör und erkämpften sich eine Entschädigung.

Ich denke noch heute gerne an den 13. November 2017 zurück, als ich am Oberlandesgericht Hamm eine historische Gerichtsentscheidung miterleben durfte. Saúl Luciano Lliuya, Bergführer und Kleinbauer in Huaraz in Peru, war nach Deutschland gekommen, um dort RWE zu verklagen. Der Energiekonzern ist der größte $CO_2$-Emittent Europas und mit seinen Kohlekraftwerken für ein halbes Prozent des globalen Klimawandels verantwortlich. Unter diesem leidet Peru bereits heute: Die Schneefelder in den 7.000 Meter hohen Bergen gehen zurück, die Gletscherseen wachsen. Einer davon bedroht Lliuyas Heimat. Tritt die Lagune des Palcacocha-Gletschers über die Ufer und bringt den Damm zum Bersten, würde eine bis zu dreißig Meter hohe Flutwelle Huaraz verwüsten. Deshalb fordert Lliuya, dass die RWE AG entsprechend ihrem Anteil an der Klimakrise auch ein halbes Prozent der Summe bezahlt, die die Gemeinde für den Hochwasserschutz aufwenden muss: 17.000 Euro. Das könnte der Konzern zwar aus der Portokasse zahlen. Aber es geht um eine Frage globaler Dimension: Kann ein deutsches Unternehmen für die Folgen des Klimawandels am anderen Ende der Welt haftbar gemacht werden?

Damals gaben sich die RWE-Manager*innen im Gerichtssaal siegessicher. Aber nur so lange, bis der Richter Rolf Meyer die Klage annahm. Der Saal, voll besetzt mit Lliyua-Fans und

Klima-Aktivist*innen, bebte vor Jubel und Applaus und aus den Gesichtern der RWE-Führungskräfte wich das selbstbewusste Lächeln einer Zornesröte. „Was heißt das denn, wenn das hier Recht bekommt? Dann ist ja jeder zur Gefahrenbeseitigung verpflichtet, jeder Mensch und die gesamte deutsche Industrie. Es käme zu einer Klagewelle aller gegen alle", bäumte sich ihr Anwalt auf. So klingt das, wenn Konzerne ihre Moral-Fassade fallen lassen. Wenn es um Rechtsansprüche einerseits geht und um Privilegien und Gewinne andererseits, wird die „Unternehmensverantwortung" wie eine Sandburg unter einer Flutwelle weggeschwemmt.

Genau deshalb braucht es Lieferkettengesetze. Und genau deshalb hat sich in Deutschland die Industrie so heftig dagegen gewehrt. Ihr Lobbyeinfluss auf das Wirtschaftsministerium hat das deutsche Gesetz fast zum Scheitern gebracht. Doch im Mai 2021 verabschiedete die Bundesregierung den Gesetzesentwurf. Auf Drängen der Wirtschaftsverbände wurde das ehemals ambitionierte Papier allerdings ordentlich zurechtgestutzt. Statt für Unternehmen ab 250 Beschäftigten gilt es zunächst nur für jene mit mindestens 3.000 und ab 2024 ab 1.000 Mitarbeiter*innen. Es enthält keine zivilrechtliche Haftung, Umwelt ist nicht als eigenes Schutzgut aufgeführt, die Verantwortung gilt vor allem für unmittelbare Zulieferer.

Entscheidend ist aber etwas anderes: Endlich ist Schluss mit der freiwilligen Verantwortung. Dieser Weg ist komplett gescheitert, es gibt kein Zurück mehr. Dass das Gesetz ins Schwarze trifft, belegt die hysterische Reaktion der Wirtschaftslobby. Es sei „das dümmste Gesetz, das von der Großen Koalition verabschiedet worden" sei, trompetete Oliver Zander vom Arbeitgeberverband Gesamtmetall. Lars Feld, Leiter des neoliberalen Walter Eucken Instituts, klagte, die Verordnung würde „die Axt an das bisherige Erfolgsmodell der deutschen Wirtschaft mit stark internationalisierten Wertschöpfungsketten und einer starken Produktion im Ausland" legen. Derlei Ausfälle beweisen, dass selbst das abgeschwächte Gesetz Wirkung zeigen wird. Zum Beispiel können NGOs und Gewerkschaften mit der sogenannten Prozessstandschaft im Namen Betroffener vor einem deutschen Gericht klagen.

Je mehr solcher Gesetze in vielen europäischen Ländern verabschiedet werden, je mehr zivilgesellschaftliche Bündnisse diese vorantreiben, umso lückenloser können Konzerne zur Verantwortung gezwungen werden. Und umso bessere Chancen hat das UN Treaty, ein globales Lieferkettengesetz, gestaltet von den Ländern des Südens. Deshalb ist dieses Buch von Veronika und Sebastian Bohrn Mena so wichtig: Es schafft Bewusstsein für diese wirkungsvolle Alternative und ermutigt uns, weiter dafür zu kämpfen. Die gesellschaftliche Zustimmung wächst – und ist Ausdruck einer wachsenden Solidarität von unten mit dem Globalen Süden. Es geht nicht um Moral, sondern um Rechte. Auf diesem Weg sind Lieferkettengesetze ein erster wichtiger Schritt. Genau genommen in eine Welt, in der das gute Leben für alle endlich möglich ist.

*Kathrin Hartmann ist Journalistin in München. Sie wirkte in Werner Bootes preisgekröntem Dokumentarfilm „The Green Lie" mit und schrieb mit „Die Grüne Lüge" das Buch zum Film. Für ihr Buch „Aus kontrolliertem Raubbau" recherchierte sie unter anderem auf den Palmölplantagen in Indonesien und Bangladesch über die Folgen des grünen Kapitalismus. Zuletzt erschien „Grüner wird's nicht. Warum wir mit der ökologischen Krise völlig falsch umgehen" (Blessing Verlag).*

# EINLEITUNG

Es ist kalt in der Halle und es riecht unangenehm. Der metallische Blutgeruch prägt sich für immer ins Gedächtnis ein, sobald man ihn einmal in der Nase hatte. Dicht beisammen stehen die Arbeiter*innen und zersägen im Minutentakt die Schweine, die an einem Förderband von der Decke hängend stetig an ihnen vorbeifahren. Das Band scheint niemals stillzustehen, das Tempo bleibt immer gleich. Es bewegt sich unaufhörlich weiter, befördert einen Tierkörper nach dem anderen durch das Gebäude. Auch wenn den Beschäftigten zwischendurch die Arme schwer werden von den Sägen, die sie unentwegt von oben nach unten drücken müssen, um die Schweine der Länge nach vom Kopf bis zum Schwanz zu zerteilen. Zwischendurch schreit mal jemand in den dröhnenden Lärm der Maschinen: „Atenție!" Abgesehen von dem rumänischen Wort für „Vorsicht!" gibt es kaum Raum und auch keine Zeit für Unterhaltungen. Schließlich dürfen zwischen dem Stich in die Kehle, der die Schweine verbluten lässt, und dem siedend heißen Wasserbad, durch das sie vor der Zerteilung gezogen werden, nur wenige Minuten vergehen.

Die anstrengende Arbeit bei den niedrigen Temperaturen zehrt an den Menschen. Jeder Energieverlust durch unnötigen Krafteinsatz wird vermieden. Da kann es schon einmal passieren, dass ein Kehlenstich nicht exakt sitzt und ein Tier noch lebend in das siedende Wasser getaucht wird. Es ist keine Absicht, aber auch nicht wirklich vermeidbar: Das viele Blut, mit dem die Beschäftigten bei ihrer Arbeit unweigerlich in Kontakt kommen, durchdringt die Schutzkleidung und lässt die Hände steif werden. Völlig durchnässt stehen sie in der Kälte. Den ganzen Tag lang.

Die meisten der Männer und Frauen, die gedrängt in diesen gigantischen Hallen arbeiten, in denen die Tiere getötet und in ihre Bestandteile zerlegt werden, stammen aus dem Osten und Südosten Europas. Es sind Menschen aus Rumänien, Polen und

Bulgarien, die in deutschen Schlachtfabriken wie jenen des deutschen Fleisch-Konzerns Tönnies – einem der weltweit größten Schlachtbetrieb der Welt – rund 20.000 bis 30.000 Tiere pro Tag töten und verarbeiten.[1] Regelrecht abgespeist werden sie dafür, mit einem Mindestlohn von nur 9,35 Euro pro Stunde, verschiedene Abzüge verringern den Betrag noch weiter.[2]

**UMSÄTZE DER GRÖSSTEN FLEISCHKONZERNE**
**in Milliarden US-Dollar, 2019/20**

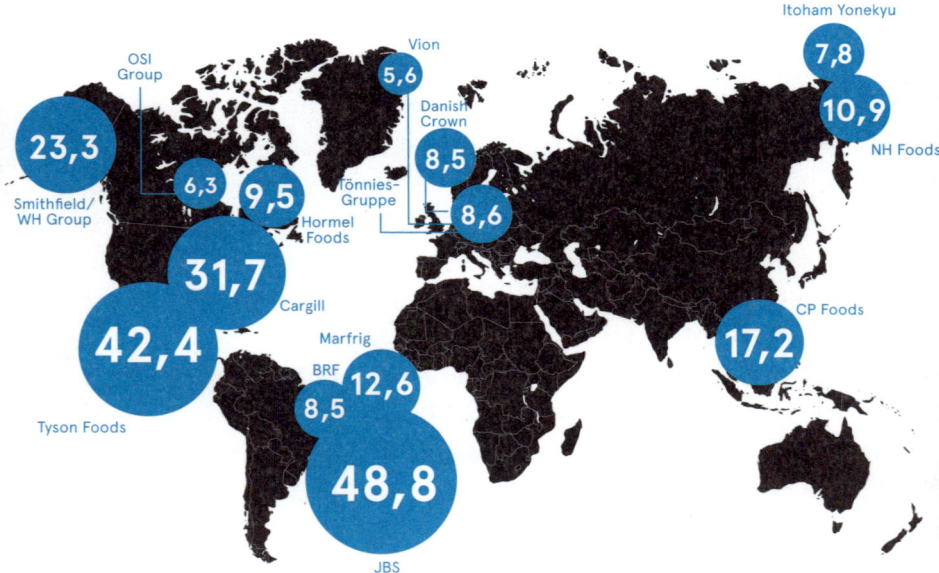

Nirgendwo in Europa sind die Löhne für die Schlachtarbeit so niedrig wie in Deutschland. In Spanien und Italien werden den Beschäftigten zumindest 14 Euro pro Stunde bezahlt[3], in Österreich sind laut Kollektivvertrag 15 Euro pro Stunde vorgesehen, in den Niederlanden und Dänemark sogar 22 bzw. 25 Euro pro

Stunde.[4] Rund 7.000 Menschen schuften allein in der Tönnies-Fabrik in Rheda-Wiedenbrück im Bundesland Nordrhein-Westfalen, darunter kaum Deutsche. 80 Prozent der deutschen Fleischproduktion, so schätzt der europäische Gewerkschafts-verband EFFAT[5], werden mittlerweile von Arbeitskräften aus Rumänien oder Bulgarien erledigt. Von Menschen ohne echten Schutz und ohne Rechte, die per Leih- oder Werkvertrag von unbekannten Subunternehmen der großen namhaften Fleisch-konzerne angeheuert werden.

Kalt ist es auch in der kleinen Wohnung, in die sich die Männer und Frauen nach ihren zehn-, zwölf- oder gar sech-zehnstündigen Schichten in der Schlachthalle zurückziehen. Die kurzen Phasen, die der körperlichen und psychischen Erholung gewidmet sein sollten, sind für viele ähnlich belas-tend wie die Arbeit in der Schlachtfabrik. Zusammen mit bis zu 14 anderen Personen hausen sie hier auf engstem Raum, unter katastrophalen hygienischen Bedingungen. Die Unterkünfte, die ihnen von ihrem Arbeitgeber zum Preis von bis zu 250 Euro pro Bett bereitgestellt werden, sind in den meisten Fällen in einem jämmerlichen Zustand.

Tausende, teils gravierende Beanstandungen wurden bei behördlichen Kontrollen festgestellt. Es sind wahre Bruch-buden, manche von ihnen sogar einsturzgefährdet. Andere sind von Ungeziefer oder Schimmel befallen. Es sind unwür-dige Stätten: Zu diesem Schluss kam das Arbeitsministerium Nordrhein-Westfalen im Frühjahr 2020, als ein Bericht zu den Bedingungen in der Fleischbranche das ganze Ausmaß des Elends dokumentierte.[6] Schon 2019 wurde eine Unzahl von Verstößen gegen das Arbeitsrecht in 26 von 30 kontrollierten Betrieben festgestellt.[7] Was die Kontrollierenden in ihren Form-formularen bei den wenigen, oftmals sogar vorangekündigten

Inspektionen festhalten, ist das eine. Was die 110.000 Arbeitenden in der deutschen Billigfleisch-Maschinerie tagtäglich erleben, geht jedoch noch weit darüber hinaus.[8]

Die wenigen Aussteiger*innen, die sich trauen, unter Zusicherung der Anonymität darüber zu berichten, erzählen von Menschen, die sich in den Schlaf weinen. Nacht für Nacht. Weil sie Schmerzen haben und weil sie unter Druck stehen. Weil sie das Geld brauchen, um ihren Familien in der Heimat ein besseres Leben zu ermöglichen, einen Hauch von dem, was für viele in Deutschland ganz alltäglich ist. Weil sie die sprichwörtlichen Rädchen im Getriebe eines Milliardengeschäfts sind und auch genau so behandelt werden. Von ihrem ohnehin nicht üppigen Lohn wird ihnen auch noch etwas abgezogen, ohne dass sie nachvollziehen könnten, wieso.[9] Es wird ihnen nicht erklärt, es wird ihnen auch keine Wahl gelassen und Beschwerdestelle gibt es keine. Diese Menschen werden unzureichend geschützt, obwohl sie eine Arbeit verrichten, die sprichwörtlich an die Knochen geht.

Das alles spielt sich mitten in Deutschland ab, hinter den fensterlosen Mauern der Fleischindustrie. Aber auch in vielen anderen europäischen Ländern sieht es für die Beschäftigten in Schlachtbetrieben nicht wesentlich besser aus, dort sind die Industrien nur kleiner, dementsprechend fallen die Missstände bislang weniger extrem aus. Aber sie wachsen, die Fabriken, an vielen Orten Europas.

Möglich ist diese teils völlig legale Missachtung der basalen Bedürfnisse von Menschen, weil sie sich in bewusst schwer nachvollziehbar gestalteten Firmenstrukturen abspielen, die mit aufwendigen Schachtelkonstruktionen arbeiten. Wie soll sich in so einem System der rumänische Leiharbeiter gegen seine systematische Ausbeutung wehren?

Es ist nicht so, als wäre das alles bislang unbekannt gewesen. Seit Jahren machen Gewerkschaften darauf aufmerksam, appellieren auch NGOs an die Öffentlichkeit, sich dieser Problematik bewusst zu werden. Doch das deutsche Exportwunder, mit seinen sagenhaften Profiten, hat bislang die Politik und auch die Medien davon abgehalten, genauer hinzusehen.

Ganze 5,2 Millionen Tonnen Schweinefleisch produzierte Deutschland im Jahr 2019, so viel wie kein anderes Land in Europa.[10] Niemand wollte die mächtige Maschine bei der Arbeit stören, die so viel Geld in die Taschen einflussreicher Menschen spült. Ob in den VIP-Logen der Fußballvereine oder bei feinen Konzertabenden in erlauchter Runde – man sprach nicht über das große und die vielen kleinen Verbrechen, die hinter dem großen Geld steckten. Man begnügte sich mit schönen Worten in Konzernberichten, mit Beschwichtigungen, mit Relativierungen. Es wurde den Konzernen sehr einfach gemacht, sich an der Arbeitskraft anderer zu bereichern.

Und dann kam Corona. Die desaströsen Arbeitsbedingungen, gepaart mit der miserablen Unterbringung in beengten Quartieren, erwiesen sich als Paradies für die Ausbreitung des Virus. In Windeseile entstanden gigantische Infektionsherde, ganze Ortschaften mussten im Juni 2020 unter Quarantäne gestellt werden, weil in und um die Fleischfabriken die Beschäftigten reihenweise in die Krankheit kippten. Plötzlich sprach die ganze Welt über den Horror der deutschen Fleischindustrie, der in den Vereinigten Staaten übrigens kaum anders aussieht. Dort tragen die rechtlosen Migrant*innen sogar Windeln, wenn sie am Fließband die Hühnchen zerteilen, die kurz darauf in den Snackboxen der Fastfood-Läden landen.[11]

Über die Zustände in den USA kann man sich leicht empören, aber wenn es um die Ecke in der Nachbarschaft kaum besser aussieht, wenn die „leckere Stadionwurst" direkt aus der Arbeitshölle im eigenen Viertel kommt, dann wird es ungemütlich für das Gewissen. Corona und die vielen Infektionen ließen die Öffentlichkeit endlich reagieren. Der Milliardär Clemens Tönnies, der große Nutznießer der Ausbeutung, wurde plötzlich ganz offen von allen Seiten angefeindet. Niemand wollte jemanden in Schutz nehmen, der sich so offenkundig an einem System der Schutzlosen bereichert. In der folgenden heftigen politischen Debatte wurden sogar Konsequenzen erwogen. Doch wie so oft fiel das, was jene daraus ableiteten, die Entscheidungen treffen müssten, am Ende widersprüchlich und weitestgehend kraftlos aus.

In dieser Zeit bemerkten wir, dass hier etwas fehlte. Denn während die einen über das Verbot der Werkverträge sprachen, forderten andere die Verteuerung von Fleisch. Statt soziale und ökologische Interessen zusammenzudenken und gemeinsam zu vertreten, spielte man sie unter dem Motto „Das Schnitzel muss leistbar bleiben!" gegeneinander aus. Millionen von Menschen rümpften zwar die Nase über Tönnies & Co und verurteilten die Symptome der modernen Fleischmaschinerie, aber niemand benannte die gemeinsame Ursache der Probleme und stellte die Systemfrage.

Und so kam, was kommen musste: Statt den traurigen und empörenden Anlassfall als Chance zu nutzen, verlor man sich in Symptom- und Stellvertreterdebatten. Während Deutschland noch überlegte, wie man die miesen Geschäftspraktiken der Schlachtkonzerne doch noch gesetzlich in die Schranken weisen könnte, kündigten diese bereits ihre Abwanderung nach Spanien an.

Über ein Jahr später, im Herbst 2021, sind die kurzzeitig Verdammten wieder selbstbewusst wie eh und je auf offener Bühne zurück. Sie klagen nicht nur kritische Stimmen wegen angeblicher Verleumdung[12] und den Staat[13] sowie Tierschutzaktivist*innen[14] auf Entschädigung, sondern fordern lautstark ein Ende der „Romantisierung". Was sie damit meinen: Schluss mit dem Mitgefühl mit den Arbeitenden, irgendwer muss die Drecksarbeit zum Hungerlohn doch machen, sonst lassen sich Profite nicht weiter steigern! Und wenn die Bevölkerung oder zumindest ihre Vertreter*innen nicht willig sind oder sie mit gesetzlichen Vorgaben ausbremsen wollen, dann wird von ihnen einfach der europäische „Standortwettbewerb" ins Spiel gebracht. Durch diesen können sie schließlich nicht nur ihre Gewinne, sondern auch gleich die ganze Produktion ins Ausland verlagern.

Das ist übrigens ein beliebtes Druckmittel der Superreichen, die gern damit drohen, Menschen arbeitslos zu machen, wenn man sie daran hindern möchte, sich weiter an den Beschäftigten zu bereichern. Meist kommen sie damit sogar durch, schließlich will niemand für den Verlust von regionalen Arbeitsplätzen verantwortlich sein, so mies sie auch sein mögen. Tönnies beispielsweise ließ kurz nach dem Corona-Skandal in Rheda-Wiedenbrück mit Projektplänen für eine neue Mega-Fabrik in Spanien aufhorchen.

Die Art, wie Tönnies auf Kosten seiner Belegschaft wirtschaftet, ist jedoch nur ein kleiner Aspekt in einer viel größeren Grundsatzfrage, mit der wir uns in Zeiten wachsender ökologischer und sozialer Krisen dringend beschäftigen müssen. Denn Missstände, Zerstörung und Ausbeutung durch international agierende Konzerne gibt es in fast jeder Branche. Weil Konzerne es inzwischen einfach gewohnt sind, durch verschachtelte Vertragskonstruktionen und ausgelagerte Arbeitsschritte mit allem durchzukommen, was ihren Profit steigert. Für moralische

Bedenken oder Skrupel ist in der modernen Geschäftswelt kein Platz. Was in Deutschland, Österreich oder Europa verboten ist, kann in einem armen Land des Globalen Südens mit hoher Wahrscheinlichkeit trotzdem gemacht werden. Denselben Konzernen, denen wir den Import von Soja aus brandgerodetem Regenwald vorwerfen, können wir den Umgang mit importierten Leiharbeiter*innen aus den strukturschwachen Regionen Südost-Europas zur Last legen.

Wenn wir in diesem Zusammenhang vom Betrug an der steuerzahlenden Bevölkerung sprechen und zu Recht die in Steuerparadiesen geparkten Milliarden anprangern, dann müssen wir auch den vorsätzlichen Betrug im Kühlregal thematisieren. Denn all diese Missstände sind Auswüchse ein und desselben Problems, oft sogar verursacht von denselben Personen. Dagegen nützt es nichts, wenn wir wieder und wieder die vermeintliche Macht der Konsument*innen bemühen, deren Kassazettel angeblich ein Stimmzettel ist. Wir müssen endlich auch die Interessen und die Macht der Bevölkerung ansprechen.

Unser stärkstes Instrument ist die Demokratie an sich, die sicherstellt, dass wir Bürger*innen am Ende diejenigen sind, die entscheiden, was rechtlich zulässig ist und was nicht. Daher treten wir für ein Lieferkettengesetz ein, also für verpflichtende unternehmerische Sorgfalt von Anfang an. Wie wir in Deutschland gesehen haben, wo im Juni 2021 gegen alle Widerstände und trotz vieler Abschwächungen gegenüber den Entwürfen am Ende dennoch ein recht robustes Gesetz beschlossen werden konnte, lohnt sich der Einsatz für rechtliche Schranken. Denn die Freiwilligkeit, das zeigen uns viele Beispiele, funktioniert nicht, um gerechte Löhne zu zahlen und die Ausbeutung von Beschäftigten zu verhindern. Nur ein verbindlicher gesetzlicher

Rahmen wird dazu führen, dass auch die Konzerne sich an die geltenden Regeln halten werden.

Wir sind nicht nur irregeleitete und desinformierte Konsument*innen: Wir sind auch Bürger*innen, die unter diesen Missständen leiden. Und wenn wir auf diesem Wege vom Einzelfall zur Systembetrachtung kommen, dann müssen wir uns zwangsläufig die Frage stellen, wie wir es zulassen konnten, dass Firmen über juristische Konstrukte weitestgehend im rechtsfreien Raum agieren können – zum Schaden von uns selbst und unseren Mitmenschen. Aber auch zum Schaden von Tieren und Umwelt, von Klima, Natur und nachfolgenden Generationen.

## Die andere Seite der Medaille

In den vergangenen Jahren, befeuert durch die *Fridays-for-Future*-Proteste und zuletzt auch durch krisenbedingte Ausfälle in globalen Lieferketten, kam es zu einer Art Rückbesinnung auf regionale Produkte. Auch ökologische Fragen sind nicht erst im Zusammenhang mit der Corona-Pandemie und ihrer vermuteten Entstehung durch Zoonose vermehrt zum Politikum geworden. War früher der Umgang mit Tieren eher eine Angelegenheit des Privaten, wurde etwa das Wohlergehen der Biene und der Insekten in den vergangenen Jahren vermehrt zur öffentlichen Streitfrage. In Bayern votierten im Frühjahr 2019 unter dem Motto „Rettet die Bienen" über 1,7 Millionen Menschen für strengeren Naturschutz, das waren ganze 18 Prozent der Bevölkerung. Noch nie war ein Volksbegehren in Bayern derart erfolgreich gewesen. Hauptmotor der Mobilisierung war ein Konflikt zwischen landwirtschaftlichen Betrieben und der allgemeinen Öffentlichkeit, der sich unter anderem am Einsatz von Pestiziden entzündete. Dahinter stand die Frage, wie Lebensmittel heute erzeugt werden sollen: in weitestgehend industrieller Fertigung, ausgerichtet auf Menge, oder aber in ökologischem Einklang, in regionalen Wirtschaftskreisläufen?

Nicht nur in Deutschland wächst schön langsam das gesellschaftliche Bewusstsein in Bezug auf ökologische Fehlentwicklungen und es mehren sich die von der Bevölkerung organisierten Initiativen dagegen. In Österreich unterschrieben im Januar 2021, trotz hartem Corona-Lockdown und damit einhergehender Einschränkung der Mobilität, über 416.000 Menschen das Tierschutzvolksbegehren. Es war eine von uns initiierte Bewegung gegen Massentierhaltung, die eben nicht von Parteien oder NGOs ausging, sondern von Menschen getragen wurde, die sich selbst als tierfreundliche Bürger*innen bezeichneten, aber nicht als Fachleute.[15] Es wurde vielleicht auch deswegen, aufgrund des verbindenden Ansatzes zwischen Konsument*innen und Produzent*innen, das erfolgreichste Volksbegehren seit Jahren in der Alpenrepublik, die sonst nicht unbedingt als Hort der direkten Demokratie bekannt ist. Mitten in die finale Phase der Initiative platzte der Tönnies-Skandal und trug maßgeblich dazu bei, dass Menschen ihren Unmut darüber auch mit ihrer Unterschrift für das Volksbegehren äußerten. Für viele waren dabei das Elend der Tiere, das Leid der in der Branche Beschäftigten und die desaströsen Auswirkungen der Massentierhaltung auf Klima und Natur gleichermaßen wichtige Aspekte.

Das ökologische Gleichgewicht ist die andere Seite der Medaille, die es zu betrachten gilt, wenn wir über das „System Tönnies" als besonders bekanntes Beispiel sprechen, aber auch wenn wir die Machenschaften von Konzernen insgesamt betrachten. Und zwar ganz gleich, ob es um die Herstellung von Lebensmitteln oder die Erzeugung von Kleidung geht. Denn das hochprofitable Geschäftsmodell der Multis beruht ja nicht nur auf dem Raubbau an Menschen, sondern auch auf der Zerstörung unserer Natur. Hier wird die Zukunft unserer Kinder und Enkelkinder jeden Tag ein Stück vernichtet. Ihre Chancen auf ein selbstbestimmtes Leben in einer gesunden und sicheren Welt werden von Konzernen eingetauscht gegen kurzfristige Gewinnmaximierung.

Tag für Tag werden beispielsweise weitere Hektar Regenwald vernichtet, um große Mengen von Soja anzubauen, das dann in der europäischen Schweinemast zum Einsatz kommt.

Allein zwischen **August 2019 und Juli 2020** wurden im Amazonasgebiet, der „grünen Lunge" des Planeten, die nicht nur unendlich viele Pflanzen- und Tierarten beheimatet, sondern auch immense Mengen $CO_2$ bindet und uns die Luft zum Atmen gibt, über **11.000 Quadratkilometer Wald zerstört**. Diese Fläche ist **größer als der Inselstaat Jamaika**.[16]

Mittlerweile sprechen Fachleute sogar davon, dass der Regenwald „gekippt" ist, also nun mehr $CO_2$ ausstößt, als er absorbiert.[17]

Nicht weniger problematisch sind die Dschungel-Rodungen und der Landraub in den Ländern Südostasiens, wo das Palmöl herkommt, das ebenfalls in das hochkalorische Tierfutter gemischt wird, das bei uns in der Tiermast zum Einsatz kommt. Dieser Raubbau an der Natur ist auch einer der Gründe, warum die Viehzucht als einer der fünf Hauptverursacher für die Erderwärmung gilt. Der UN-Ernährungs- und Landwirtschaftsorganisation FAO zufolge trug die Viehzucht im Jahr 2013 mit 14,5 Prozent zu den globalen Treibhausgasemissionen bei. 45 Prozent dieser Emissionen stammen demnach aus der Produktion und Verarbeitung von Futtermitteln und 39 Prozent aus den Emissionen, die aus dem Verdauungstrakt von Rindern, Ziegen und Schafen freigesetzt werden. Weitere zehn Prozent sollen durch die Lagerung und Verarbeitung von Dung entstehen.[18]

Mit jedem Kotelett oder Würstchen aus den gigantischen Tierfabriken landet also das Ganze mit seiner Erzeugung verbundene Elend auf unserem Teller. Es ist nicht so, als wäre das vielen Konsumentinnen und Konsumenten nicht ohnehin bewusst, doch das Ausmaß der Vernichtung ist nicht sichtbar. Wer denkt schon an die aussterbenden Orang-Utans in Borneo, wenn er deutsches Schweinefleisch isst? Wer hat schon die vertriebenen indigenen Völker des Amazonas vor Augen, wenn er ins Wurstbrötchen beißt? Diese hochprofitable Kette an Verbrechen wider die Menschlichkeit und die Natur reißt nur deswegen nicht, weil sie so extrem intransparent ist.

Die Exportweltmeister feiern öffentlich Rekordverkäufe von Fleisch nach China oder von Milchprodukten nach Afrika und hinterlassen dabei klammheimlich regelrechte Gülle-Seen in den Weiten Europas. Gerade in Deutschland bedroht mittlerweile eine enorme Gülleflut die Landschaft – mit gefährlichen Auswirkungen. Nitrat und Phosphat gelangen direkt ins überlebensnotwendige Grundwasser, das vielerorts schon schwer belastet ist. In Schleswig-Holstein, Niedersachsen, Nordrhein-Westfalen und Rheinland-Pfalz werden alarmierende

Nitratwerte gemessen.[19] Der EU-Grenzwert für Gewässer liegt bei 50 Milligramm Nitrat pro Liter[20], mehr als 27 Prozent des Grundwasserkörpers in Deutschland weisen aber bereits höhere Werte auf.

Eine zu hohe Konzentration von Nitrat im Trinkwasser gefährdet die menschliche Gesundheit. Bei Erwachsenen steigt das Krebsrisiko, bei Säuglingen kann die Aufnahme von Nitrat zu Blausucht oder sogar zum Tod führen.[21] Die unaufhörlich steigende Nitratbelastung in den Böden bedroht zudem die heimische Artenvielfalt, was an der steten Ausweitung der Roten Listen der gefährdeten Arten unschwer ablesbar ist. Zusammen mit den Rückständen von Antibiotika, die im besonders großen Stil in der Putenmast außerhalb Österreichs eingesetzt werden – aus der allerdings mehr als die Hälfte des in Österreich konsumierten Putenfleisches stammt –, ergibt das eine explosive Mischung.[22] Dabei braucht es diese gesundheitsschädlichen Mengen an Antibiotika nur deswegen, um die Auswirkungen der katastrophalen Haltungsbedingungen in den Griff zu bekommen und die hochgezüchteten Tiere bis zu ihrem Schlachttag am Leben zu erhalten. Was hier ungefiltert in Böden und Gewässer gelangt, kommt irgendwann zu uns zurück, als konkrete Bedrohung für unsere Gesundheit.

Es scheint noch nicht hinreichend ins gesellschaftliche Bewusstsein vorgedrungen zu sein, dass mit jeder verlorenen Pflanzen- oder Tierart auch die Resilienz unseres Ökosystems abnimmt. Dass damit jene Verteidigungslinie des Planeten gegen den menschengemachten Klimawandel geschwächt wird, die insbesondere uns Menschen, die wir in Wahrheit fragiler sind, als wir uns eingestehen möchten, schützen sollte. Wir diskutieren nicht nur viel zu wenig über diese Wechselwirkungen, sie sind uns schlicht nicht bewusst genug. Was wir sehen, sind die Bilder und Videos von leidenden Tieren in schrecklichen, viel zu langen Transporten, in überladenen und überhitzten Lkws ebenso wie in überfrachteten Schiffen auf dem Mittelmeer.

Wir können dank Social Media mittlerweile quasi im Livestream mitverfolgen, wie die nationale und europäische Politik dabei versagt, selbst basale Grundbedürfnisse von Menschen und Tieren zu schützen, weil der Profit es angeblich so verlangt. Dahinter stecken nicht nur Ignoranz und Unwissenheit, sondern auch Heerscharen an Lobbyist*innen, die gezielt nach Berlin und Brüssel geschickt werden, um gesetzliche Regulative zu verhindern oder abzuschwächen. Um zu erkennen, welche gewaltige finanzielle und politische Macht dahintersteckt, braucht es keine obskuren Verschwörungserzählungen, sondern nur den Blick auf die amtlichen Register der Lobbygruppen.

Laut „LobbyControl", einem deutschen Verein, der die Einflussnahme von Interessengruppen auf die Politik transparent macht, arbeiten rund 25.000 Personen als Lobbyisten mit einem Jahresbudget von 1,5 Milliarden Euro in Brüssel und nehmen Einfluss auf die EU-Institutionen. Etwa 70 Prozent von ihnen sind für Unternehmen und Wirtschaftsverbände tätig. Dort genießen sie privilegierte Zugänge zu den politisch Verantwortlichen und überhäufen die Abgeordneten mit ihren Änderungsanträgen für Gesetzesvorlagen.[23] Dabei geht es nicht nur um die Arbeitsbedingungen in Schlachtfabriken oder auf Gemüsefeldern und Obstplantagen, sondern auch um die Transportbedingungen von Tieren, um Grenzwerte für den Einsatz von Pestiziden, um die höchstzulässigen Besatzdichten bei Masttieren oder um die verpflichtende Herkunftskennzeichnung bei Lebensmitteln. Die Industriellen der Nahrungsmittelbranche gehören zu den verlässlichsten Großspendern der europäischen Politik, was sich auch deutlich am Abstimmungsverhalten der Parteien zeigt. Wenn selbst der ehemalige deutsche Bundesarbeitsminister Sigmar Gabriel, der einst die Bedingungen in der deutschen Fleischindustrie als „Schande für Deutschland" bezeichnete, später für Tönnies bereitwillig zum gut bezahlten Berater[24] wird, dann brauchen wir uns nicht wundern.

Die gewaltigen Profite, die mit der Erzeugung von tierischen Lebensmitteln zu holen sind, basieren primär auf der Schlechterstellung all jener, die sich nicht gegen ausbeuterische Arbeitsverhältnisse wehren können. Ihnen gegenüber stehen jene, die genügend Macht besitzen, um sich weitestgehend straffrei solcher Praktiken zu bedienen. Fleisch macht nur wenige Prozent unserer Ernährung aus, verursacht aber bald die Hälfte der gesamten ernährungsbedingten Treibhausgasemissionen. Wenn die Eigentümer von Tönnies & Co den wahren Preis für die in Wahrheit unbezahlbaren Rohstoffe begleichen müssten, die sie zur Herstellung ihrer Waren verbrauchen, gleich ob das nun Wasser oder Ackerfläche ist, und wenn die durch sie verursachten Schäden an Menschen, Natur und Klima realistisch bepreist würden, wären sie wohl nicht die reichsten Menschen, sondern die größten Schuldner der Welt. Wir haben nur nie gelernt, die Gesamtkosten zu berechnen, es ist in unserer Logik nicht vorgesehen, dass wir wirtschaftlich abbilden, was an unserem Planeten an Kosten entsteht durch das, was an unternehmerischen Werten erzeugt wird.

Es wird also nicht nur gegenüber Menschen, sondern auch gegenüber der Natur von Konzernen mit einer Rücksichtslosigkeit vorgegangen, die alles in den Schatten stellt. Diese Vorgehensweise lohnt sich für sie, denn gerade wegen des kapitalintensiven Einsatzes von Werbung, PR, Lobbying,

Korruption und Einschüchterung zur Durchsetzung ihrer Interessen sprudeln am Ende die Gewinne. Solange wir zulassen, dass sie ungeniert und ungehindert die Mär verbreiten dürfen, dass wir als Konsumierende dafür verantwortlich wären, so lange werden wir mit den negativen Auswirkungen ihrer Machenschaften konfrontiert sein. Verändern werden wir das also nicht an der Kassa, sondern nur durch einen gesetzlichen Schranken.

## Ein Umdenken wird sichtbar

Es ist diese Frage, die wir uns schon so oft gestellt haben und die sich wohl jeden Tag, an den unterschiedlichsten Orten auf der Welt, sehr viele von uns stellen: Wie lange wird dieses toxische System noch unsere Welt beherrschen und wie lange müssen wir all diese Missstände und die Zerstörung noch mitansehen? Können wir tatsächlich nichts dagegen tun? Was kann eine einzelne Person gegen die politische und finanzielle Macht der Konzerne, ihrer superreichen Eigentümer*innen und die willfährigen Dienstleistungseliten schon groß ausrichten?

Nicht wenige lassen den Kopf hängen und wenden sich ab, angesichts dieser geballten Destruktivität, mit der sie tagtäglich konfrontiert sind. Mit so offensichtlich gekauften Parteipolitiker*innen und werbegeldorientierten Medien, mit dem Orchester an „Kauf dich glücklich!"-Slogans.

Ständig wird uns die Mär von der freien Wahl der Konsument*innen erzählt, als seien wir selbst schuld am Elend dieser Welt. Als müssten wir nur tief genug in die Tasche greifen, um uns zumindest ein wenig Heil und reines Gewissen in die eigenen vier Wände holen zu können. Ja, es ist eine enorme Herausforderung, sich dem Elend aufrichtig zu stellen, das uns alle ständig umgibt: ob in verarbeiteter und verpackter Form als Ware oder in den Gesichtern der Menschen, die unser System am Laufen halten und dafür weder anständig bezahlt noch hinreichend sozial abgesichert oder gar gesellschaftlich anerkannt werden.

Es lässt sich leicht nachvollziehen, warum sich so viele Menschen ins Neo-Biedermeier zurückziehen und wenig Motivation verspüren, sich gesellschaftspolitisch zu engagieren – zu aussichtslos scheint jegliches Bemühen um Veränderung. Aber es ist nicht nur notwendig, sondern auch wirkungsvoll, sich all diesen Gegebenheiten zu stellen. Sich auch mit der Wut zu konfrontieren, vor der man sich in Wahrheit abwendet, wenn man die Kinderarbeit ausblendet, die im Schokoriegel steckt, oder die erbärmlichen Arbeitsbedingungen, die nicht nur an der Produktionsstätte im Globalen Süden, sondern auch auf der „letzten Meile" in unserer Nachbarschaft vorherrschen, wenn wir nicht gerade ausschließlich im Biomarkt einkaufen.

Diese Abwendung gleicht einem Selbstschutzmechanismus, weil wir befürchten, dass wir ohnehin nichts ausrichten können gegen dieses Unrecht. Doch wir können etwas bewirken, wir können unsere Art zu leben verbessern – und wir müssen es sogar tun, wenn wir nicht weiter mit Vollgas auf eine Wand zufahren wollen, bis der unvermeidliche Aufprall geschieht. Wir sind heute nicht weniger politisch als in vergangenen Zeiten. Und wir haben schon gar nicht geringere Möglichkeiten, unsere Interessen durchzusetzen.

Es sind heute auch nicht „nur" die Millionen auf den Straßen, die in der *Fridays-for-Future*-Bewegung die Öffentlichkeit aufrütteln. Es gibt zugleich die Millionen von Menschen, die in unzähligen Initiativen zu einzelnen Problembereichen aktiv sind, in der Nachbarschaft oder im Netz, im Kleinen wie im Großen, die sich mit ihrem Engagement gegen die systematische Entsolidarisierung stellen, mit der wir im zeitgenössischen System eines völlig entgrenzten Raubtierkapitalismus konfrontiert sind.

Die einen kämpfen für das Überleben der Bienen, die anderen für die Rechte der Erntehelfer*innen. Viele dieser Initiativen haben nur die Ebene der Zusammenarbeit untereinander noch nicht erreicht, obwohl sie doch im Geiste Verbündete sind. Das liegt vor allem daran, dass wir uns schon viel zu lange oberflächlichen Unterschiedlichkeiten hingeben und uns in „Ökos" und „Gutmenschen" aufteilen und verunglimpfen lassen.

Dabei eint uns doch alle das Streben nach einer weniger ungerechten Welt, in der jeden Tag aufs Neue so vieles um uns und von uns zerstört wird. Nur der Ansatzpunkt und die Handlungsweise unterscheiden sich: Die einen schreien, die anderen schreiben, die einen gehen auf die Straße, die anderen agieren lieber im geschützteren Rahmen. Die eine Art sich zu engagieren ist nicht besser als die andere. Es bringt uns und der Sache nichts, gegeneinander aufzuwiegen, welches Engagement das wichtigere ist. Schließlich bedingen sich die Probleme wechselseitig – und demnach müssen das auch unsere Lösungsvorschläge tun, wenn wir eine echte Wirkungsmacht entfalten wollen.

Diese vielen Akte der Zivilcourage, die parallel und laufend passieren, sind ein wesentliches Fundament. Wir können darauf nicht verzichten. Aber es reicht nicht, nur auf Teilaspekte und Symptome der Fehler im System hinzuweisen, weil wir sonst in einem unendlichen Kampf gegen Windmühlen steckenbleiben. Die Antwort auf die gezielte Vereinzelung, auf das Konkurrenz-Prinzip, muss die Stärkung des Kollektiven sein. Das Leben in Solidarität und Gemeinschaft.

Das ist letztlich der Grundgedanke hinter unserer Initiative für ein Lieferkettengesetz, die so viel mehr sein soll als bloß der Versuch, die Gesetze zu ändern. Es ist der Anspruch dieser Bürgerinitiative, den gesellschaftlichen und politischen Diskurs grundsätzlich zu verändern. Ebenso ist es unser Anliegen, die Art und Weise, wie wir Arbeit und Wirtschaft zukünftig verstehen, zu gestalten und zu bewerten. Es ist ein Akt der Selbstermächtigung der Menschen und ihrer Lebensgrundlage über die Interessen der Konzerne hinweg.

Das Lieferkettengesetz ist dabei zunächst ein juristisches Instrument, das für Transparenz und unternehmerische Verantwortlichkeit sorgt. Weil es dazu führt, dass dokumentiert werden muss, was tatsächlich entlang der gesamten unternehmerischen Lieferkette geschieht, abseits von selbst gebastelten Gütesiegeln und geschönten Werbespots. Weil es Konsumentinnen und Konsumenten ermöglicht zu wissen, wo, wie und von wem das Produkt, das ihnen angeboten wird, produziert wurde. Dadurch lassen sich nicht nur die Verletzungen von Menschenrechten und Umweltstandards nachvollziehen und in weiterer Folge rechtlich ahnden, sondern es wird auch der wahre Ressourceneinsatz bei der Erzeugung unserer alltäglichen Konsumgüter transparent.

Das gibt uns die Möglichkeit, jenem Teil der Wirtschaft, dessen Geschäftsmodell auf Raubbau beruht, einen wirksamen Riegel vorzuschieben. Und zwar nicht länger durch das Prinzip Freiwilligkeit, das nachweislich nicht funktioniert, auch weil es die Verantwortung auf die vorsätzlich getäuschten und geblendeten Konsumierenden verlagert, sondern durch Verbote. Es geht nicht darum, die letzten Glieder in den globalen Ketten der Konzerne anzuprangern und zu bestrafen, die kleinen Gerber in Bangladesch oder die Plantagenaufseher in der Elfenbeinküste, sondern dort aktiv zu werden, wo der „Kopf des Monsters" sitzt, wie es Che Guevara einst so richtig zu Jean Ziegler sagte: Hier in Europa werden die gewaltigen Profite für einige wenige erwirtschaftet, und zwar mit Produkten, die mit gewaltigem Unrecht gegenüber ganz vielen erzeugt wurden.

Hier bei uns muss also auch der Ort sein, wo diejenigen zur Verantwortung gezogen werden, die diese systematische Verantwortungslosigkeit beauftragen. Die Ideale und Normen, auf die wir uns als Gemeinschaft geeinigt haben, verlieren ihre Kraft, wenn sie nicht durchgesetzt werden. Die Verantwortung für ihre Einhaltung endet weder an unseren nationalstaatlichen Grenzen noch an den Kapazitäten unserer Geldbörse. Aber irgendwo müssen wir anfangen. Das können wir beispielsweise, indem wir den Import von und den Handel mit Waren aus Kinderarbeit, moderner Sklaverei oder Menschenhandel verbieten.

Ein erster Schritt dabei ist zu erkennen, dass wir viele sind. Viele, die betroffen sind von der Ausbeutung unserer Mitmenschen und der Zerstörung unserer Umwelt. Viele aber auch, die sich nicht länger mit den vorherrschenden Zuständen abfinden wollen. Und immer mehr, die bereit sind, aktiv zu werden. Wir möchten mit diesem Buch einen Beitrag dazu leisten, das Bewusstsein zu schärfen, wie und wieso wir am Ende alle betroffen sind von skrupellosen Machenschaften der Konzerne. Wie und wieso es uns etwas angeht, wenn Menschen Tausende Kilometer entfernt von uns und manchmal auch in unserer unmittelbaren Nachbarschaft unter Bedingungen leben und schuften müssen, die wir uns nicht einmal vorstellen können. Wie und wieso es Auswirkungen auf uns, aber auch auf unsere Nachkommen hat, wenn der Raubbau an der Welt, an Klima und Natur, ungebremst weitergeht, ja sogar noch laufend an Fahrt gewinnt.

Wir haben mit diesem Buch kein Heilsversprechen anzubieten, aber wir können Fakten und Hintergründe aufzeigen. Wir können Lieferbeziehungen nachzeichnen und auch das ganze Ausmaß des Schadens, der Tag für Tag auf der ganzen Welt für unseren schnellen Konsum angerichtet wird. Wir können Zusammenhänge herstellen, wir können Ursachen ergründen und wir können Ableitungen vornehmen. Vor allem aber können wir den Versuch unternehmen, einen Beitrag dazu zu leisten, dass sich etwas ändert. Mit einem oder mit mehreren Gesetzen, mit der Stärkung eines Bewusstseinswandels – und mit der Belebung der Solidarität. Wir haben nichts zu verlieren, außer unsere Furcht vor der eigenen Ohnmacht. Aber wir haben eine ganze Welt für uns und unsere Liebsten zu gewinnen, wenn wir verstehen, wie stark wir mit ihr verbunden sind und wie wir sie daher auch positiv gestalten können.

# DER BISS INS UNGEWISSE

Wir Konsumentinnen und Konsumenten sind doch wahrlich sonderbare Wesen. Zumindest beginnen wir das zu glauben, wenn wir den Erzählungen der Konzerne lauschen. Geht es nach ihnen, dann soll es einzig und allein in unserer Hand liegen, ob, was und wie etwas produziert wird. Zur Unterstützung dieser Erzählung geben die Unternehmen auch sehr viel Geld aus, unter anderem für von ihnen finanzierte Greenwashing-Vereine, die sich ein Gütesiegel nach dem nächsten ausdenken, um die vermeintlich freie Kaufentscheidung der Konsumierenden in die lukrativste Richtung zu leiten. Uns wird erzählt, nahezu die ganze Macht der Welt liege in unserer Entscheidung für oder gegen ein Produkt. Mit dem Griff ins Supermarktregal, so tönt es denn auch von der konzernnahen Politik, könnten wir schließlich alles beeinflussen.

Grausame Kinderarbeit? Sofort beendet, wenn wir Konsument*innen es doch nur endlich wollen. Die Vernichtung des Regenwalds? Überhaupt kein Problem, wird augenblicklich gestoppt, wenn wir einfach nicht zugreifen. Aber das ist noch lange nicht alles: Wir Konsumierenden können nicht nur die Erzeugung von Produkten unmittelbar steuern, wir sind auch gleich für den Preis verantwortlich und bestimmen die Verfügbarkeit.

Es ist der feuchte Traum des entfesselten Turbokapitalismus, dass das Individuum ausschließlich in der eigenen Konsumhandlung die maximale Selbstwirksamkeit entfaltet. Und es hat auch etwas wirklich Befreiendes, wenn man sich vorstellt, dass die persönliche Entscheidung derart weitreichend ist: dass etwa mit dem Verzicht auf Nutella das Überleben der bedrohten Orang-Utans in Borneo gesichert wird. In dieser schönen heilen Konzern-Markenwelt kann die Zerstörung des Planeten flugs mit seiner Rettung substituiert werden, wenn wir Konsument*innen es so entscheiden. Beide Möglichkeiten müssen jedoch – man ist als Unternehmen schließlich neutral – unbehelligt und egalitär im Regal nebeneinanderliegen können. Immerhin sei es nicht die Aufgabe des Handels, die Kundschaft zu erziehen, er biete nur an, was verlangt wird, so die Argumentation.

Die stets ordentlich aufgeräumten und frisch befüllten Konsumtempel um die Ecke oder am Ortsrand werden in dieser Vorstellung zum neuen Forum unserer Zeit. Sie sollen ein Ort sein, an dem alle gleich sind und tagtäglich abstimmen können, solange sie über hinreichend Finanzkraft verfügen, um sich am Konsum zu beteiligen. Und für das „kleine Budget" gibt es die besonders unethisch hergestellten Produkte, man kann schließlich niemanden ausschließen.

Wer dieser persönlichen Verantwortung, ja Verpflichtung zur „richtigen" Kaufentscheidung nicht nachkommt, muss sich dafür an den Pranger stellen lassen. Die Welt entwickelt sich desaströs? Die Konsumierenden sind schuld! Wieso unterstützen sie auch Kinderarbeit? Sind ihnen Tiere, Natur und Klima wirklich derart egal, dass sie schon wieder zur Rabattaktion beim Fleisch greifen, die per Postwurfsendung, Social-Media-Posting und Dauerbeschallung in Fernsehen und Radio kommuniziert wird? Bei der die Preise so tief in den Keller gedrückt werden, bis jegliche Wertigkeit verloren gegangen ist? Ja, die Konsumierenden scheinen wirklich das Hauptproblem zu sein, nicht etwa die Produzenten – denn diese liefern schließlich nur, wonach verlangt wird.

Milliarden werden jährlich in diese Erzählung investiert. Und wir wollen den Sarkasmus an dieser Stelle nun vorläufig ruhen lassen und stattdessen einen Blick darauf werfen, was tatsächlich auf unserem Teller landet. Das herauszufinden ist wesentlich schwieriger, als man vermuten würde, insbesondere bei verarbeiteten Produkten, von denen wir immer mehr zu uns nehmen. Die Entstehungsgeschichte dieser Lebensmittel ist ein wohlgehütetes Geheimnis. Sie nachvollziehen zu wollen erfordert nicht nur detektivisches Geschick, sondern auch sehr viel Zeit und Mühe. Die Problematik beginnt mit systematischer Intransparenz. Weder auf den ersten Blick noch auf beharrliche Nachfrage ist es für Konsument*innen möglich zu erfahren, woher genau die Zutaten kommen, die beispielsweise auf der angepriesenen Pizza landen. Genau deswegen wollen wir uns der Frage stellen, wie unser Abendessen ins Kühlregal gelangt, woraus es besteht und wer es für uns erzeugt hat. Wir bemühen uns also um eine faktenbasierte Untersuchung dessen, was uns zumindest kurzzeitig satt macht.

# Der Griff ins Kühlregal

Freitagabend, das Kreuz schmerzt, der Kopf dröhnt, eine lange Arbeitswoche geht zu Ende. Das Frühstück war knapp und mittags gab es keine Zeit für eine echte Pause. Es war ein anstrengender Tag nach vielen anderen anstrengenden Tagen. Tausendmal hätte man es sich anders vorgenommen und dennoch findet man sich in der Dämmerung wieder auf dem Weg in den Supermarkt, der praktischerweise auf dem Heimweg liegt. Es ist nicht so, dass man immer eine konkrete Vorstellung davon hätte, was man genau einkaufen möchte, wenn man den Supermarkt betritt. Seien wir ehrlich, wichtig ist oft viel eher, dass es schnell geht und dass der Hunger gestillt wird. Der Weg durch die Regale kann da schnell zu einem Duell zwischen Bauch und Kopf werden: Der eine will alles kaufen, der andere mahnt zur

Zurückhaltung. Glücklicherweise gibt es dann am Kühlregal ein paar freundliche Ratgeber in Form von nicht ganz so dezenten Hinweisschildern, die auf den extremen Vorteil hinweisen, wenn man jetzt zu diesem konkreten Produkt greift. Nicht nur der Preis sei eine absolute Sensation, nein, der Geschmack unglaublich vorzüglich. Millionenfach sei in der Vergangenheit bewiesen worden, dass diese, und nur diese Pizza genau das sei, was man jetzt brauche. Hör auf nachzudenken, gib dir einen Ruck, erfüll dir doch diesen einen Wunsch, inmitten all der Anstrengung und Entbehrung, tönt es im Kopf.

Und schon hat man sie in der Hand, die gekühlte Kartonschachtel, die mit ihrem Anblick die Hoffnung bestätigt: Ja, das ist die richtige Entscheidung. Immerhin ist diese Pizza bekanntlich das Original. Mit naturgereifter Salami. Und sonnengereiften Tomaten. Knusprig. Authentisch. Ehrlich. Fast fühlt man sich im Urlaub in Italien, während man noch die kalte Luft der Kühlbox im Gesicht spürt. Doch es wird unweigerlich warm ums Herz, bei so viel Originalität.

Aber aufgepasst, das Erlebnis ist noch gar nicht zu Ende, denn heute hat man doppelt Glück: Aktion! Die Original Wagner Steinofen Pizza Salami gibt es jetzt noch günstiger. Sensationelle 1,50 Euro pro Stück, wenn man drei nimmt. Na, wieso dann nicht auch gleich neun? Es wird sich schon noch Platz dafür im Eisfach finden. Rein damit in den Einkaufswagen und auf zur Kassa! Und während man noch an der Kassa steht und die Verpackung sich langsam aufzuweichen beginnt, heizt man im Kopf schon den Ofen vor. Nur mehr wenige Minuten ist man nun von dem vermeintlichen Geschmackserlebnis entfernt.

Zu Hause folgt die erste kleine Enttäuschung. Schön ist sie ja nicht unbedingt, die gefrorene Original-Pizza, wie sie so daliegt, nachdem das Plastik entfernt wurde. Der Belag bröckelt, kleine Kristalle haben sich an der Oberfläche gebildet und wer tatsächlich identifizieren kann, was genau da jetzt auf dem Teigboden arrangiert wurde, verdient einen Preis. Aber darum geht es nicht, man kann es am Ende doch herleiten, wenn man noch mal auf das Foto auf der Verpackung schaut. Ab damit in den Ofen, dann steht dem köstlichen Abendessen nichts mehr im Weg.

Ist Ihnen das auch schon mal passiert, dass Sie vor dem Backrohr gestanden sind und mehr oder weniger fasziniert dabei zugesehen haben, wie aus dem Eisklumpen aus dem Pizzakarton das ersehnte Mahl wurde? Haben Sie sich dabei auch schon einmal gefragt, woher die Zutaten für die Pizza tatsächlich stammen? Sie wissen schon, die laut Werbung von Natur und Sonne gereiften Spezialitäten, die von traditioneller Meisterhand extra für Sie arrangiert wurden. Ja? Gut, denn wir haben bei der Tiefkühlpizza nachgeforscht. Immerhin werden unglaubliche 377.000 Tonnen davon pro Jahr davon allein in Deutschland verkauft, Tendenz stark steigend. Seit 2010 hat sich der Absatz um über ein Drittel gesteigert.[25]

Über 1,2 Milliarden Euro werden jährlich mit Tiefkühlpizzen in Deutschland umgesetzt, unumstrittener Verkaufskönig dabei ist Wagner. Auch in Österreich zählt die Original Wagner Steinofen Pizza mit Abstand zu den beliebtesten Tiefkühlpizza-Marken.[26] Die jährlich rund 350 Millionen Pizzen der Nestlé Wagner GmbH, eines 1968 gegründeten und 2005 an den Schweizer Nestlé-Konzern verkauften deutschen Unternehmens, sollen uns daher als prototypisches Beispiel für die Entstehung der allseits beliebten Fertigprodukte dienen. Das, was wir im Folgenden exemplarisch für dieses Produkt recherchiert haben, trifft aber nicht nur auf diese Marke zu.

Sie ist aber ein perfektes Beispiel und irgendwo muss man ja anfangen. Wieso dann nicht beim Marktführer?

**UMSÄTZE DER GRÖSSTEN MOLKEREI-KONZERNE**
**in Milliarden US-Dollar, 2019/20**

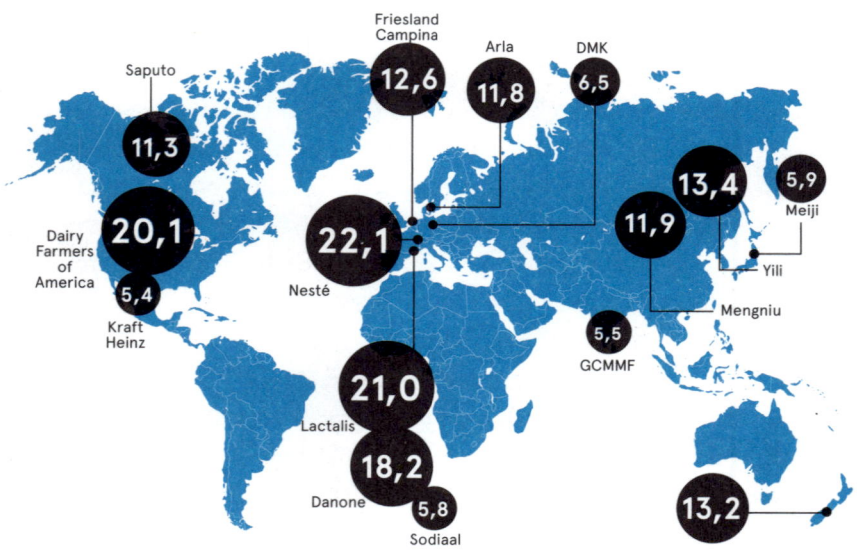

# Faule Tomaten

Unsere Erkundungsreise beginnt bei der wichtigsten Zutat des Belags, die für die meisten Menschen auf keiner Pizza fehlen darf: Tomatensauce. Wenn man den Angaben der Hersteller glauben darf, bestehen immerhin über 25 Prozent der Pizza aus „zerkleinerten Schältomaten". Auf der Website von Nestlé Wagner erfahren wir, dass diese von der Familie Squeri aus Italien geliefert werden. Das hört sich romantisch an, dass es sich dabei aber nicht um einen kleinen Familienbetrieb aus Piacenza handelt, ergibt schon eine kurze Recherche. Die Familie Squeri ist mit ihrer Firma Steriltom vielmehr der größte Erzeuger[27] von industriell genutzter Tomatensauce in Europa. Steriltom erzeugt nach eigenen Angaben ganze 2,3 Millionen Tonnen verarbeitete Tomaten jährlich.[28]

Wer schon einmal ein bisschen nach Informationen über die Produktion von Tomaten im Netz gestöbert hat, wird mit hoher Wahrscheinlichkeit auf Überschriften wie „Italiens rotes Gold" gestoßen sein, was auf ihre große Bedeutung für die nationale Wirtschaft hinweisen soll. Oder auf Bilder von stereotyp italienisch aussehenden Pizzabäckern oder Spaghetti-Köchen. Das liegt daran, dass Italien mehr Tomaten produziert als jedes andere Land in Europa und darauf sehr, sehr stolz ist. Über 5,2 Millionen Tonnen Tomaten werden dort pro Jahr auf einer Fläche von etwas mehr als 100.000 Hektar Land angebaut.[29] Dementsprechend wichtig ist dem italienischen Handel, den Industrieverbänden und auch der italienischen Regierung, dass das Image von „Hergestellt in Italien" möglichst makellos strahlt.

Dafür wird die Ausbeutung der Landarbeiter*innen unter den Teppich gekehrt. Die enormen Profite, die die Unternehmen trotz oder gerade aufgrund der vielfach offen kriminellen Machenschaften in der italienischen Obst- und Gemüseproduktion einfahren, bestätigen, dass den Verantwortlichen das gelingt. Mit Tomaten und verarbeiteten Produkten auf Tomatenbasis werden jedes Jahr Hunderte Millionen Euro verdient, allein nach Deutschland werden 80 Millionen Kilo Tomatenmark exportiert, kein anderes Land liefert mehr.[30]

Die Erzeugung von Agrarprodukten ist für Italiens Wirtschaft nach wie vor von zentraler Bedeutung, über 47 Milliarden

Euro werden jährlich in diesem Bereich erwirtschaftet.[31,32] Die schier unfassbare Menge an Tomaten wird im großen Stil in der nördlichen Emilia-Romagna und der südlichen Capitanata-Ebene sowie auf Sizilien angebaut. Während die nördlichen Tomaten überwiegend maschinell geerntet und von großen Konzernen verarbeitet werden, werden die weiter südlich kultivierten Tomaten hauptsächlich von Hand gepflückt und von vielen kleineren Unternehmen verarbeitet.

Wie viele Personen dort von der Tomatenproduktion leben und auf den riesigen Plantagen die Tomaten ernten, kann niemand so recht sagen. Laut dem italienischen Statistikamt sollen rund 48 Prozent der Erntehelfer*innen nicht aus Italien, sondern aus Rumänien, Bulgarien, Polen, Albanien, Tunesien, Marokko und Indien stammen. Bei den Beschäftigten aus Osteuropa handelt es sich vorwiegend um Wanderarbeiter*innen, die je nach Saison von einem Land zum nächsten ziehen, um auf diese Weise nicht nur für sich selbst, sondern auch für ihre Familienangehörigen in ihren Heimatländern ein Einkommen zu erzielen. Dabei arbeiten sie mit wechselnden oder mehreren Verträgen parallel, je nachdem, für wie viele Landwirt*innen sie tätig sind.

Bei den Erntearbeiter*innen aus Afrika gestaltet sich die Lage noch undurchsichtiger, denn viele von ihnen sind undokumentiert und ohne Papiere im Land. Sie haben keine Arbeitsverträge, keine Sozialversicherung und keinen festen Wohnsitz. Das macht sie nicht nur zu einem leichten Opfer von Ausbeutung, es kann auch nur geschätzt werden, wie hoch ihre Anzahl tatsächlich ist. Je nach Quelle reichen die Angaben von 400.000 bis 843.000[33] Personen und rund 40 Prozent von ihnen sollen irregulär, also ohne einen ordentlichen Arbeitsvertrag arbeiten.

Sie alle müssen unter schlechten Bedingungen und für niedrige Löhne bei jedem Wetter zehn bis 15 Stunden pro Tag auf den Feldern schuften. Je nach ihrer Herkunft und ihrem Aufenthaltsstatus werden die Arbeiter*innen quasi in Klassen aufgeteilt, ihre Arbeitsbedingungen und die Bezahlung variieren von schlecht bis extrem schlecht. Sie werden nach ihrer Herkunft und ihrem Geschlecht in Gruppen organisiert, auch damit sich die osteuropäischen und afrikanischen Beschäftigten nicht untereinander solidarisieren.

Zugewiesen und eingeteilt werden die Arbeiter*innen von den „Caporale", den sogenannten Arbeitsvermittlern. Zwar ist das System der „Caporalito" inzwischen illegal, ein 2015 eingeführtes Gesetz, das ihren Einsatz verhindern sollte, hat sich jedoch als zahnlos erwiesen. Die Caporale organisieren bis heute den gesamten manuellen Ernteablauf. Sie teilen die Arbeiter*innen ein, erstellen die Dienstpläne, kümmern sich um den Transport zu den Feldern, die Verpflegung während der Arbeit und die Entlohnung. Sie sind nahezu immer die Einzigen vor Ort, die die Sprachen der Arbeiter*innen verstehen und mit denen diese über alles Organisatorische sprechen können. Das macht sie zu einem extrem mächtigen Gegenüber, mit dem es nichts zu verhandeln gibt. Deswegen wird ihnen oft fälschlicherweise die gesamte Schuld dafür zugeschoben, dass die Arbeiter*innen unter menschenunwürdigen Bedingungen arbeiten müssen. Doch so einfach ist es nicht – über den Caporale stehen schließlich noch die Landwirt*innen und diese müssen sich den Vorgaben der italienischen Zwischenhändler unterwerfen, die wiederum oftmals von der Mafia dominiert werden. Über ihnen allen stehen jedoch die internationalen Handelskonzerne wie Rewe, Lidl und Co, die die Einkaufs- und Verkaufspreise und somit auch indirekt die gesamten Produktionsbedingungen bestimmen.

Zusammengenommen verdienen die Handels- und Nahrungsmittelkonzerne **83 Cent** an jedem Euro, der aus dem Verkauf von Supermarktprodukten auf Tomatenbasis stammt. Die nächste Ebene in der Kette, die italienischen agroindustriellen Unternehmen, die die geernteten **Tomaten** zu Passata, Pelati oder Salsa verarbeiten, nehmen etwa **10 Cent** ein. **Für alle anderen bleiben 7 Cent**, um die sie kämpfen müssen.[34]

Es wäre allerdings zu einfach, alles nur an den großen Strukturen festzumachen, denn die Caporale selbst sind häufig alles andere als Heilige. Regelmäßig werden Gelder für die Arbeiter*innen von ihnen einbehalten, es wird keine ausreichende Verpflegung angeboten oder ihre eigenen Leistungen werden viel zu hoch verrechnet. Wie sie damit durchkommen, erklärt sich durch einen Blick auf die Tagesabläufe auf den Plantagen.

Das Pflücken der Tomaten auf den Feldern wird vorwiegend von Männern in kleineren Gruppen von fünf bis 15 Personen erledigt. Ein typischer Arbeitstag beginnt für sie in den Monaten von August bis September um vier Uhr morgens und kann bis 20 Uhr abends dauern. Die ständige gebückte Körperhaltung, das Schleppen der Kisten und die schlechte Versorgung mit Getränken und Essen macht diese Arbeit extrem anstrengend.

Bezahlt werden die Arbeitenden nicht nach ihrer Arbeitszeit, sondern nach der Menge der Tomaten, die sie ernten. Für jede der 300 Kilogramm schweren Kisten gepflückter Tomaten erhalten sie drei bis vier Euro, damit kommen sie in der Regel auf einen Tageslohn von 20 bis 25 Euro. Der Caporale zieht ihnen allerdings die Kosten für Transport und Verpflegung und nicht selten auch die Unterbringung von ihrem Tageslohn ab. Er hat völlig freies Spiel über die Höhe des Aufwandersatzes, den er verrechnet.

Manche Arbeiter*innen meinen, dass der Caporale eine kleine Summe an jeder Kiste Tomaten verdient, andere bestreiten dies. Erschwerend hinzu kommt, dass niemand, der an der Ernte beteiligt ist, unmittelbar nach der Arbeit, sondern erst dann bezahlt wird, wenn die Ware zur Weiterverarbeitung oder den Verkauf an die Industrie geliefert wurde. Diese bezahlt dann den Bauern, der den Caporale bezahlt, der wiederum die Arbeiter bezahlt. Für die Beschäftigten ist durch die lange Zeitverzögerung bis zu ihrer Bezahlung nicht mehr nachvollziehbar, wie ihr Lohn zustande gekommen ist.

Wir haben uns mit Lana, einer Anfang fünfzigjährigen Erntearbeiterin aus Rumänien unterhalten, um herauszufinden, wie sich die Missstände auf Italiens Gemüsefeldern im Vergleich zu jenen in anderen europäischen Ländern gestalten. Lana arbeitet immer wieder in anderen Ländern als Erntearbeiterin, zuletzt für zwei Ernte-Saisonen auf einem Erdbeerfeld in Deutschland und im Frühling 2020 auf einem Spargelfeld im niederösterreichischen Marchfeld. Was sie berichtet, ist ernüchternd und zeigt, wie erschreckend gering schon die Erwartungen an die Arbeitsbedingungen in der Landwirtschaft sind. Ihre Erfahrungen in Deutschland waren dabei durchwegs positiv. Es habe ihr dort gut gefallen, auch die Unterbringung sei in Ordnung gewesen. Den Container, in dem sie nächtigen konnte, musste sie sich mit nur einer anderen Person teilen und er war sauber. Der Lohn allerdings war ähnlich wie in Italien – pro Kiste gepflückter Erdbeeren sei sie auch nur mit fünf Euro entlohnt worden.

Anders beurteilt sie ihre Zeit als Erntearbeiterin in Österreich. Vier Euro pro Stunde habe sie für die Arbeit als Spargelstecherin verdient, oft musste sie 13, 14, ja sogar 15 Stunden pro Tag arbeiten, mit nur einer einstündigen Mittagspause. „Von 13 Uhr am Nachmittag bis zum Abend um 21 oder 22:30 Uhr hatte ich oft keine Pause, nicht einmal fünf Minuten. Wir mussten außerdem auch am Samstag, Sonntag und an Feiertagen arbeiten, aber der Stundenlohn ist an diesen Tagen gleich geblieben", erzählt Lana.

Doch die Arbeitszeiten waren nicht ihr Hauptproblem. „Ich habe diese Arbeit gemacht, weil ich gerne arbeite – egal was. Ich bin eine fleißige Person, unabhängig davon, was ich gerade arbeite. Wenn mir die Arbeit gefällt, dann mache ich sie auch gerne und sie macht mir Spaß. Aber die Unterkünfte in Österreich waren schwer erträglich, kaum vorstellbar, einfach unmenschlich", sagt sie. Ihr wurde ein winziges Zimmer, vielleicht sechs bis acht Quadratmeter groß, in einer alten Baracke zugewiesen. Darin standen vier Stockbetten mit verschmutzten Matratzen und ungewaschener Bettwäsche. Überall war Ungeziefer, Käfer im und Mäuse unter dem Bett. Die Wände, die ursprünglich weiß gestrichen waren, waren großflächig mit schwarzem Schimmel überzogen. Lana hat die Zustände fotografiert und gefilmt, weil sie es erst nicht glauben konnte und ehrlich schockiert war. Es stank und es war eiskalt. Trotzdem wurden ihr für diese elende Unterkunft auch noch vier Euro pro Nacht vom Lohn abgezogen.

Sie habe seither nicht mehr als Erntearbeiterin gearbeitet, weil es sehr viele Probleme in diesem Arbeitssektor gebe. Das Hauptproblem ihrer Meinung nach? „Wenn ich etwas ändern könnte, dann würde ich mit den Arbeitszeiten beginnen, die sind einfach zu lang", sagt sie.

Und nun stellen wir uns diese anstrengende Erntearbeit auch noch bei gleißender Hitze im süditalienischen Hochsommer vor. „Sonnengereift" sind also nicht nur die Tomaten, die auf der Nestlé-Wagner-Pizza landen, sondern auch die Menschen, die von diesem ausbeuterischen System ausgebeutet werden. Bis die Tomaten aus Italien massenhaft auf den Tiefkühlpizzen in Deutschland und Österreich landen, müssen viele arbeitsintensive Schritte gesetzt werden – verdienen tun daran aber in erster Linie die Handelskonzerne. Für sie ist es ein großes Geschäft, das nur deswegen funktioniert, weil die von ihnen geschaffene Fiktion aus der Werbung nicht mit der Realität übereinstimmt und wir das nicht erfahren. Denn wer würde schon gerne in einen Belag von Tomaten beißen, die auf Raubbau an Menschen basieren?

Die Tomate ist allerdings nicht die einzige faule Sache an dieser Pizza. Auch bei der Salami steckt mehr dahinter, als auf den Werbebildern ersichtlich ist.

## Herzlose Salami

Herzhaft. Dieses Attribut wird gerne im Zusammenhang mit Salami verwendet. So auch in der Werbung von Nestlé Wagner, wenn es um die Anpreisung ihrer Salamipizza geht. Der „herzhafte" Snack kommt mit „naturgereifter Edelsalami" daher. Edel und natürlich, das sind Zuschreibungen, die sich großartig anhören und völlig im Gegensatz dazu stehen, was viele Menschen wohl intuitiv mit einer Tiefkühlpizza von Nestlé assoziieren.

Ganze zwölf Prozent des Gesamtgewichts der Pizza sollen aus dieser speziellen Salami bestehen, so steht es auf der Packung. Die Salami ist in Deutschland extrem beliebt, aufs Jahr gerechnet werden ganze 5,3 Kilogramm davon pro Kopf konsumiert.[35]

Die Rohwurst besteht den Angaben von Nestlé Wagner zufolge aus zerkleinertem Schweinefleisch und Speck, dem Gewürze, Salz und Konservierungsstoffe beigefügt werden. Edel wird die Salami grundsätzlich erst dann, wenn der Hersteller zu überdurchschnittlich gutem Fleisch greift. Ob das bei der Steinofen-Pizza tatsächlich der Fall ist, lässt sich nicht ganz so einfach überprüfen.

Diese Salami wird speziell für Nestlé Wagner vom deutschen Hersteller Haas produziert, der wiederum mittlerweile ein Teil des irischen Dawn-Farms-Konzerns ist. Dieses Unternehmen ist nach eigener Auskunft der größte Lieferant für „verzehrfertige Komponenten in Europa" und beliefert alle großen Pizzamarken, aber auch Fast-Food-Ketten. Sich selbst bezeichnet der Konzern mit über 1.000 Beschäftigten als „mittelständisch", auch die Nachhaltigkeit spielt – zumindest im Werbeauftritt – eine große Rolle.

In der Kommunikation der Rohstoffherkunft bei Nestlé Wagner setzt man jedenfalls dennoch lieber auf das Image der 1968 gegründeten, familiengeführten Haas GmbH, als kleinerer deutscher Lebensmittelproduzent aus dem beschaulichen Nonnweiler-Otzenhausen im schönen Saarland. Diese Firma liefert Schinken und eben die Salami für den Nahrungsmittel-Multi. Die Rohstoffe hierfür wiederum, konkret das Schweinefleisch, das kommt von Tönnies. Diesen Konzern assoziiert man wohl eher nicht mit den Prädikaten „edel" und „herzhaft". Das könnte einer der Gründe sein, wieso derart viele Umwege genommen werden, die den langen Weg der Salami wenig nachvollziehbar machen. Umso wichtiger, dass hier genau hingesehen wird.

Denn ausbeuterische Arbeitsbedingungen, überfüllte und desolate Unterkünfte für die Beschäftigten, bis zu 16 Stunden lange Arbeitstage, Hungerlöhne, Lohndiebstahl und prekäre

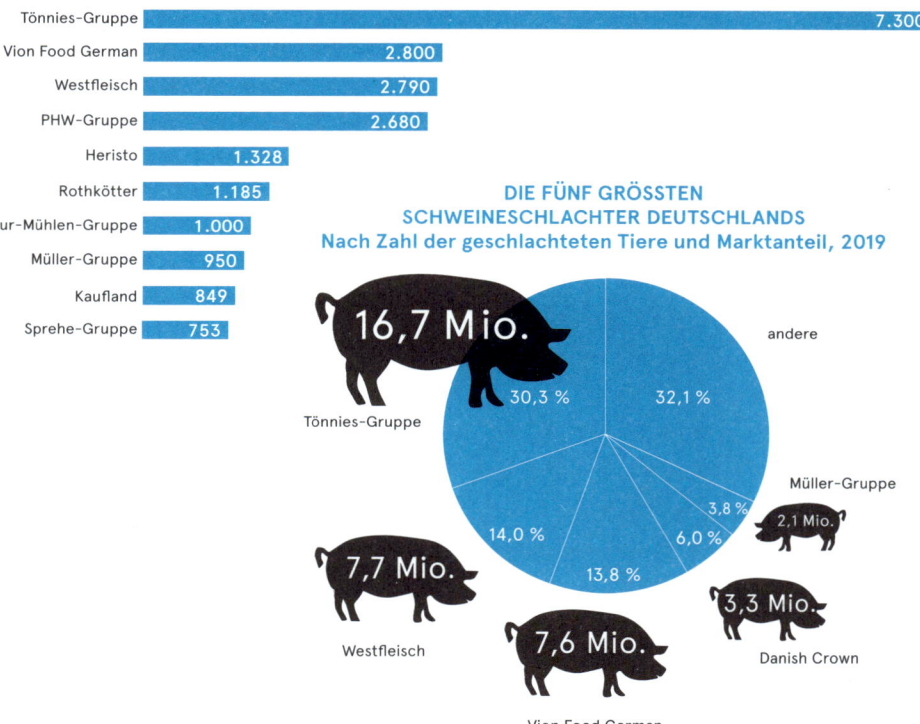

**UMSÄTZE DER GRÖSSTEN DEUTSCHEN UNTERNEHMEN IN DER FLEISCHWIRTSCHAFT in Millionen Euro, 2019**

| | |
|---|---|
| Tönnies-Gruppe | 7.300 |
| Vion Food German | 2.800 |
| Westfleisch | 2.790 |
| PHW-Gruppe | 2.680 |
| Heristo | 1.328 |
| Rothkötter | 1.185 |
| Zur-Mühlen-Gruppe | 1.000 |
| Müller-Gruppe | 950 |
| Kaufland | 849 |
| Sprehe-Gruppe | 753 |

**DIE FÜNF GRÖSSTEN SCHWEINESCHLACHTER DEUTSCHLANDS**
Nach Zahl der geschlachteten Tiere und Marktanteil, 2019

16,7 Mio.
Tönnies-Gruppe
30,3 %

andere
32,1 %

Müller-Gruppe
2,1 Mio.
3,8 %

14,0 %
6,0 %

13,8 %

7,7 Mio.
Westfleisch

7,6 Mio.
Vion Food German

3,3 Mio.
Danish Crown

Arbeitsverhältnisse kennzeichnen nicht nur die Beschäftigungsverhältnisse bei Tönnies, sondern jene der Fleischindustrie in ganz Europa.

Wie auf den Obst- und Gemüseplantagen sind auch hier die Bedingungen so dermaßen schlecht, dass Menschen aus Zentral- und Westeuropa, die eine andere Wahl haben, nicht dort schuften wollen. Hinzu kommt allerdings auch noch ein erhöhtes Verletzungsrisiko durch die enorme Geschwindigkeit, in der die Tiere zerlegt werden müssen. Verletzungen durch wiederholte Belastungen, Schnitte, Messerstiche oder Ausrutschen und Stürze sind an der Tagesordnung.

Ganz zu schweigen von den Bedingungen für die Tiere, die von Fachleuten in der deutschen Massentierhaltung als „katastrophal" bezeichnet werden. Auch bei der Schlachtung selbst sind die Zustände weit davon entfernt, würdevoll oder zumindest anständig zu sein. Die allermeisten Tiere in dieser Industrie sind von ihrer Geburt bis zum frühen Ende einer ständigen Abfolge von Angst und Schmerzen ausgesetzt. Sie werden degradiert zu Objekten, die in möglichst schneller Zeit ein spezifisches Gewicht zu erreichen haben, um dann zu Salami verarbeitet zu werden.

Es sind vorwiegend Grenzgänger*innen aus Osteuropa und Drittländern, auf die diese Arbeiten abgewälzt werden. Diese Arbeitskräfte, die in der Regel bei Subunternehmen angestellt sind, arbeiten zwischen 48 und 65 Stunden pro Woche. Das sind acht bis 17 Stunden mehr, als die wenigen Fleischarbeiter*innen arbeiten müssen, die direkt bei den Fleischfabriken angestellt sind. Dafür werden sie auch noch um durchschnittlich 40 bis 50 Prozent schlechter bezahlt, weil ihnen die Entschädigungen für Überstunden und selbst die Vergeltung von normalen Arbeitsstunden unrechtmäßig vorenthalten wird. Auch illegale Lohnabzüge vom Nettolohn für Arbeitsmaterialien wie Messer, Schürze oder Handschuhe werden vorgeschützt, um sie um den ihnen zustehenden Lohn zu bringen.[36]

Wie mit diesen Menschen umgegangen wird, ist sowohl Ursache als auch Symptom von Ausbeutung, Sozialdumping und unlauterem Wettbewerb in ganz Europa. Die Fleischindustrie in der EU besteht aus fast einer Million Beschäftigten und mehr als 32.000 Unternehmen.[37] Die Branche ist seit Jahrzehnten von einem aggressiven Wettbewerb zwischen Konzernen auf nationaler wie globaler Ebene geprägt, was zu einer Teufelsspirale nach unten bei Löhnen und Arbeitsbedingungen führt. Der Druck der Nahrungsmittel- und Handelskonzerne treibt die Produzenten dazu an, ihre Preise und somit auch die Produktionskosten immer weiter zu reduzieren, um mit den Fleischfabriken weltweit mithalten zu können. Weil die gar nicht so edle Salami auf der Tiefkühlpizza möglichst billig sein muss, wird dort eingekauft, wo große Mengen zu niedrigen Preisen geliefert werden können – etwa bei Tönnies. Der Preisdruck wird vom Konzern an die Beschäftigten und an die Lieferanten weitergegeben. Am Ende stehen die Schweinebauern, die gemäß der Logik „Wachse oder weiche" immer größere Tierfabriken errichten müssen, um noch im Geschäft bleiben zu können.

Deswegen werden die deutschen Zucht- und Mastanlagen immer größer und die Betriebe mit kleinbäuerlichen Strukturen müssen zusperren. Was dann passieren kann, demonstrierte ein Fall im Frühjahr 2021, als eine gigantische Schweinezuchtanlage aufgrund bereits bekannter bautechnischer Mängel abbrannte und über 50.000 Ferkel und Schweine qualvoll verbrannten oder erstickten. Aber nicht nur bei Unfällen, sondern grundsätzlich sterben über acht Millionen Ferkel jedes Jahr noch während der Aufzucht in Deutschland. Im Schnitt sterben von 100 Ferkeln, die im Leben einer Zuchtsau geboren werden, mehr als ein Viertel vor der eigentlichen Schlachtung – grausames Symptom der Massentierhaltung.[38]

Es sind Stätten wie diese, die Konzerne wie Tönnies beliefern, nicht die idyllischen kleinen Landwirtschaften, die im Einklang mit Tier und Natur ihre Tage mit ehrlicher, schöner Arbeit verbringen können. Und es werden stetig mehr Tiere gezüchtet und geschlachtet, für den Inlandskonsum und für den

WANN MASTSCHWEINE VERENDEN

Eine Zuchtsau bekommmt in ihrem Leben 101 Ferkel

tot geboren
9

Tod in der Säugungsphase
14

Tod in der Ferkelmast
2

Tod in der Schweinemast
3

Schlachtung
73

Export, etwa nach China. Auf die Spitze getrieben hat diesen Wettbewerb Deutschland.

Wie schon einleitend erwähnt, werden nirgends in der Europäischen Union so viele Tiere geschlachtet, werden nirgends so viele Arbeiter*innen ausgebeutet und wird nirgends so ein skrupelloses Lohndumping betrieben wie in den deutschen Schlachtbetrieben. Die Europäische Gewerkschafts-Föderation für Ernährung, Landwirtschaft und Tourismus kommt daher zu dem Befund, dass das missbräuchliche Subunternehmer-System der deutschen Fleischbranche Tausende von Arbeitsplätzen in anderen EU-Ländern vernichtet hat. Es liege daher im Interesse aller Mitgliedsstaaten und der EU-Kommission, zügig Maßnahmen dagegen zu verabschieden und umzusetzen. Doch über den Fleischfabriken stehen die Lebensmittelkonzerne, die die Fleischwaren weiterverarbeiten – wie Haas. Und damit Nestlé, die an unserer Salami-Tiefkühlpizza ordentlich mitverdienen wollen. Darüber wiederum stehen erneut die großen Handelskonzerne wie Rewe, Lidl und Co, die uns am Ende eine Pizza für nur 1,50 Euro zum Verkauf anbieten wollen.

In der Haas-Wurstfabrik werden nun folglich die Tönnies-Schweineschulter und gefrorener Speck miteinander verhackt und mit Salz, Gewürzen und einem Pulver vermengt, in dem unter anderen „Natriumnitrit" enthalten ist. Das Natriumnitrit muss später auf der Packung auch ausgewiesen werden, da der Zusatzstoff mit der E-Nummer 250 giftig ist. Der Konservierungsstoff wird eingesetzt, um das Wachstum unerwünschter Mikroorganismen, also Schimmel, zu verhindern und um die rote Farbe des Fleisches zu erhalten, die Salami würde ansonsten grau werden und weniger appetitlich aussehen. Bei Natriumnitrit handelt es sich um das Natriumsalz der sogenannten Salpetrigen Säure, die auch als Hydrogennitrit bezeichnet wird. In zu hohen Mengen kann es den Sauerstofftransport im Blut beeinträchtigen oder sogar vollständig verhindern. Bei Säuglingen kann eine Überdosis im schlimmsten Fall sogar bis zum Erstickungstod führen. Wenn Natriumnitrit erhitzt wird, bilden sich zudem sogenannte Nitrosamine, die als potenziell krebserregend gelten.

Damit das Natriumnitrit die gewünschte Reaktion im Fleisch auslöst, wird Ascorbinsäure, ein künstliches Vitamin-C, ergänzt und schließlich Mikroorganismen, mit denen sich die Konsistenz der Wurst bestimmen lässt. Die Mikroben senken den pH-Wert, töten schädliche Bakterien ab und machen die Salami bissfest. Abschließend wird die Salami mit Buchenholz geräuchert und getrocknet.[39]

In der Vergangenheit hat Haas noch stolz mit Medien über die Produktion seiner Salami gesprochen, doch die Corona-Pandemie und insbesondere die großen Corona-Cluster in vielen deutschen Fleischfabriken haben empfindlich am Image der ganzen Branche gekratzt und Haas zurückhaltender werden lassen. Unsere Gesprächsanfrage wurde von der deutschen Konzerntochter leider nicht beantwortet. Die Vermutung liegt nahe, dass dies damit zu tun hat, dass es auch bei Haas im Herbst 2020 zu 16 Corona-Fällen in der rund 100-köpfigen Belegschaft kam.

Noch wesentlich härter getroffen hat es, wie wir wissen, seinen Fleischlieferanten Tönnies. Von allen Fleischfabriken in ganz Europa ist Tönnies nicht nur die größte, sondern auch die mit den meisten Corona-Erkrankungen. Über 1550 der 7.000 Arbeiter*innen wurden im Frühjahr 2020 positiv auf Covid-19 getestet, der Konzern wurde zu einem Mahnmal für eine ganze Branche, die wochenlang nicht aus den Schlagzeilen kam. Denn immerhin 151 der 200 Arbeiter*innen bei Westfleisch wurden ebenfalls positiv auf Covid-19 getestet, so wie 109 Arbeitende in einer Fleischfabrik in Bad Bramstedt im Kreis Segeberg, über 200 rumänische Beschäftigte in einer Schlachtfabrik in Birkenfeld in Baden-Württemberg und auch eine Fleischfabrik in Schleswig-Holstein wurde geschlossen, nachdem 128 Personen in der Belegschaft positiv getestet wurden. Dies sind nur einige der relevantesten Fälle. Weitere Covid-19-Ausbrüche wurden in anderen Schlachthöfen und Einrichtungen der Fleischindustrie gemeldet.[40]

Zwar versuchten anfangs noch Politiker wie der damalige Ministerpräsident Nordrhein-Westfalens und spätere Kanzlerkandidat Armin Laschet den Anstieg der Corona-Fälle in der Branche auf die Herkunftsländer der Arbeiterinnen und

Arbeiter zurückzuführen, indem er noch im Juni 2020 behauptete, „Rumänen und Bulgaren"[41], die eingereist waren, seien dafür verantwortlich, das Virus komme also vom Ausland herein. Deswegen sah der CDU-Politiker auch keinen Grund, die zu diesem Zeitpunkt bereits geplanten Lockerungen der Corona-Einschränkungen infrage zu stellen. Nach einer Welle der Kritik an der Aussage musste er sich dafür jedoch entschuldigen und zurückrudern. Als Ursache für die Ausbrüche stellten sich wenig überraschend die Missstände bei den Arbeitsbedingungen in den Schlachtfabriken heraus. Fehlende Distanz etwa, weil die Beschäftigten in Schlachthöfen oft Ellbogen an Ellbogen arbeiten müssen.

Die weiteren Zutaten für die rasche Verbreitung des Coronavirus bei Firmen wie Tönnies: die inakzeptablen Wohnbedingungen der Belegschaft, die oft in überfüllten Wohnungen hausen müssen, weil die Unterbringung direkt an ihren Arbeitsvertrag gekoppelt ist oder weil ihre Löhne zu niedrig sind, um sich eine anständige Unterkunft leisten zu können. Fehlende Inspektionen, die Mängel und Verstößen gegen Gesundheits- und Sicherheitsvorkehrungen freien Lauf lassen. Oder auch der gemeinsame Transport der Arbeiter*innen, weil viele ihren Arbeitsplatz nur mit Fahrgemeinschaften erreichen können, die direkt von den Arbeitgebern organisiert werden. Die Ausbreitung von Corona ist 20 Mal wahrscheinlicher, wenn es eine unzureichende Belüftung gibt, wie es in einigen Fleischbetrieben der Fall ist, insbesondere in den ältesten.[42] Mangelnde Schutzausrüstung, die Kälte und die prekären Arbeitsbedingungen, die mit niedrigen oder fehlenden Krankengeldzahlungen einhergehen, haben den Rest zur Lage beigetragen.

Was wir abseits des Elends der Arbeiterinnen und Arbeiter in der Fleischindustrie und des Tierleid in den monströsen

Zucht- und Mastanlagen zudem bedenken müssen, wenn wir über die Salami und ihre Entstehungsgeschichte sprechen, ist die Zerstörung der Natur. Wir können diesen Aspekt nicht ausblenden, immerhin werden Millionen Tonnen Soja-Kraftfutter jedes Jahr an Schweine verfüttert, damit diese schneller ihr Zielgewicht erreichen. Dieses Futter ist nicht nur genmanipuliert, obwohl die allermeisten Menschen dies ablehnen, es stammt auch noch zu großen Teilen aus dem südamerikanischen Regenwald. Aus dem Amazonas-Gebiet, der „grünen Lunge" der Erde, die im Rekordtempo brandgerodet wird, um Flächen für den europäischen Fleischhunger zu schaffen. Der einzige Grund, wieso in deutschen und österreichischen Schweinetrögen das Soja aus Brasilien landet, ist der Preis. Es ist schlicht spottbillig, die Früchte der Naturzerstörung zu importieren, statt auf Soja aus Europa oder alternative Futtermittel zu setzen.

Wenn die wahren Kosten, die bei der Vernichtung dieses einzigartigen Naturschatzes anfallen, berücksichtigt werden würden, dann wären alle Produkte, die auf seiner Ausbeutung basieren, schnell unleistbar. Doch weil die brasilianische Politik von einem Präsidenten angeführt wird, der erst bis zum Jahr 2030 die illegalen Rodungen des Regenwalds stoppen möchte, von den legalen spricht er nicht einmal, bleiben brasilianische Sojabohnen billig. Und damit auch das Futter für die Tönnies-Schweine. Ihr Fleisch ist die bittere Grundlage für jenes Nahrungsmittel, das von entrechteten Menschen unter unwürdigen Bedingungen erzeugt und dann als „naturgereifte" Spezialität verkauft wird. Nein, diese Salami ist nicht herzhaft, tatsächlich ist sie absolut herzlos. Und sie ist ein weiteres schaurig perfektes Beispiel dafür, wieso das, was auf der Packung steht, absolut nicht in Einklang zu bringen ist mit dem, was in Wirklichkeit auf unserem Teller landet. So sieht es übrigens auch beim „zartschmelzenden" Käse aus, dem zweitwichtigsten Bestandteil der Steinofen-Pizza.

## Trauriger Käse

Nun also zum „milden Edamer", wie der gelbliche Belag genannt wird, der immerhin 17 Prozent der Nestlé-Wagner-Steinofen-Pizza ausmacht. Er ist essenzielle Zutat für das geschmackliche Erlebnis und dient auch ein wenig als Projektionsfläche für die Heimatverbundenheit. Immerhin wird gerade bei der Milch- und Käseerzeugung gerne mit Wiesen in sattem Grün geworben, auf denen die Kühe den ganzen Tag grasen und, fast wie nebenher, bereitwillig ihre Milch für die Pizzakäse-Erzeugung abgeben.

Wir wissen natürlich, dass auch das nicht die Realität der industriellen Käseherstellung ist, aber was wissen wir darüber hinaus? Recht wenig. Den Nestlé-Kühen begegnet man nicht so einfach auf der Weide, denn sie sind erstens weit über ganz Mitteleuropa verstreut und zweitens schwer aufzufinden. Auch für uns war es nicht ganz einfach zu eruieren, wo genau die Milch herkommt, die später zu Käse und dann zum Pizzabelag wird.

Gerade bei der Milch ist es aber von großer Bedeutung, dass man die Hintergründe der Branche versteht. Denn kaum ein Geschäft ist derart konzentriert wie die Milchwirtschaft. Und abgesehen von den katastrophalen Bedingungen, mit denen Kühe in der auf Leistung ausgerichteten Produktion konfrontiert sind, ist auch die Belastung für Umwelt und Natur unglaublich groß. Nicht zuletzt entfalten sich die negativen Auswirkungen auf die regionale Landwirtschaft, aber auch auf die Existenzen von Menschen, die viele Tausende Kilometer entfernt leben – etwa in Afrika. All das gilt es zu berücksichtigen, wenn man den Käse unter die Lupe nimmt, der gemütlich vor sich hin schmilzt, wenn man die Tiefkühlpizza in den Ofen schickt. Vieles von dem, was wir an der deutschen Milchwirtschaft kritisieren, ist nicht ein Alleinstellungsmerkmal des Nestlé-Wagner-Lieferanten. Aber er ist ein gutes Beispiel dafür, wo es in der Industrie hakt.

Primärer Käse-Lieferant für unsere Steinofen-Pizza ist die Firma Hochwald Foods GmbH, eine im Eigentum der 1932 gegründeten Hochwald Milch stehende Genossenschaft mit Sitz im deutschen Thalfang in Rheinland-Pfalz. Genossenschaft klingt im ersten Moment gut, weil es sich nach einem Zusammenschluss von vielen kleinen Bauern anhört, allerdings unterscheidet sich diese Genossenschaft in der Arbeitsweise kaum noch von jener eines multinationalen Konzerns.[43] Bekannte Hochwald-Marken sind Glücksklee, Lünebest, Happy Joghurt, Happy Drink, Elinas und Bärenmarke. Mit einem Umsatz von jährlich über 1,5 Milliarden Euro, wovon über 500 Millionen das oben genannte Tochterunternehmen erwirtschaftet, und einer Erzeugungsmenge von mehreren Milliarden Kilo Rohmilch, gehört sie zu den fixen Größen der heimischen Milchwirtschaft. Tatsächlich ist sie die drittgrößte Molkerei Deutschlands, nur übertroffen von der Müller-Gruppe und dem Marktführer Deutsches Milchkontor GmbH, die in über 130 Ländern der Welt exportiert. Früher produzierte die Firma übrigens auch Würstchen, dieses Geschäft wurde aber später an Tönnies verkauft.

Nach einer Anfrage von uns teilte uns das Unternehmen mit: „Hochwald Foods GmbH hat als genossenschaftliche Molkerei insgesamt ca. 5.000 Milchlieferanten, deren Milch in unseren Werken weiterverarbeitet wird. Zu der Herkunft der Milch teilen wir Ihnen mit, dass das Einzugsgebiet der Rohmilch für unsere Produkte nahezu ganz Rheinland-Pfalz, Hessen, das Saarland,

Gebiete in Baden-Württemberg, Bayern, Niedersachsen, Nordrhein-Westfalen und Thüringen sowie Gebiete im französischen Lothringen, in Luxemburg und den Niederlanden umfasst."[44]

Die Anzahl der zuliefernden Betriebe sinkt, vor einigen Jahren waren es noch deutlich mehr. Mit dem Zusperren der kleinbäuerlichen Betriebe erhöht sich die Anzahl der Kühe pro Betrieb. In den letzten 20 Jahren hat sie sich mehr als verdoppelt, im bundesdeutschen Schnitt sind es 68 Kühe pro Betrieb[45] – bei Hochwald Foods sind es sogar schon über 80 Kühe. Auch in der Schweiz hat sich die Anzahl der bäuerlichen Milchbetriebe von über 27.000 im Jahr 2009 auf rund 18.000 im Jahr 2020 drastisch reduziert.[46] Noch schneller schreitet das oft als „Strukturwandel" verharmloste Bauernsterben in Österreich voran.

Von über 77.000 Milchproduktionsbetrieben im Jahr 1996 sank die Zahl auf rund 25.000 im Jahr 2019. Oder anders gesagt: **Rund 40 Prozent weniger Milchbauern** in den vergangenen zehn Jahren.[47]

Ein Trend, der nicht nur in der Landwirtschaft große Sorgen bereitet. Für die milchverarbeitende Industrie hingegen sind die Konzentrationsbewegungen hochprofitabel.

Stolz ist die Firma Hochwald Foods nicht nur auf die von ihr bewirtschafteten Flächen – über 317.000 Hektar Land sollen es mittlerweile schon sein –, sondern auch auf die Produktionsleistung der Kühe. Durchschnittlich 8.800 Kilogramm Milch erzeugt jede Kuh in einem Hochwald-Betrieb im Jahr 2020. Eine Zahl, die bei vielen Menschen für Entsetzen sorgt, wenn man sich

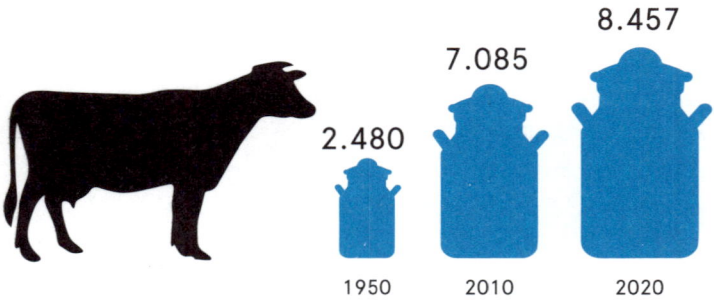

**IMMER MEHR MILCH**
Durchschnittliche Milchleistung je Kuh pro Jahr, in Kilogramm

8.457

7.085

2.480

1950    2010    2020

vor Augen hält, dass die Milchleistung der Kühe in den vergangenen Jahrzehnten dramatisch zunahm. Die deutsche „Turbokuh" ist eine Erfindung der industrialisierten Landwirtschaft, keine natürliche Entwicklung. Um 1950 lag die Produktion pro Kuh in Deutschland bei etwa 2.500 Kilogramm Milch, 1990 waren es dann schon 4.500 Kilogramm und mittlerweile sind wir etwa im Schnitt bei jenen Werten angelangt, die auch Hochwald angibt.[48]

Die Auswirkungen der Extremleistungen auf die Kühe sind fatal, primär zunächst für die Kühe selbst. Von einer natürlichen Lebenserwartung von bis zu 25 Jahren erreichen die meisten Kühe in der Milchwirtschaft nur bis zu sechs Jahre. Eine Weide sieht die Mehrheit der Tiere in ihrem ganzen Leben nie, rund 40 Prozent sollen zumindest in den Sommermonaten kurzzeitig ins Freie kommen.

Für fast ein Viertel ist sogar die Anbindehaltung immer noch traurige Realität. Bei dieser Art der Tierhaltung liegen schwere Ketten um den Hals der Tiere, um sie zu fixieren. Ihr Leben wird in dieser Form tatsächlich auf die basalsten Funktionen reduziert, die Kuh wird vollends zur Maschine degradiert. Die stark verkürzte Lebensdauer ist nicht die einzige Folge dieser

Industrialisierung der Kühe. Viele von ihnen sind die meiste Zeit über mit Angst, Schmerzen oder Krankheiten konfrontiert, die sich aus der widernatürlichen Zusammenführung von großen und schweren Tieren auf engstem und für ihre Haltung letztlich völlig ungeeigneten Raum ergeben. Was auch immer uns die Werbung also verkauft, die Tiere als „glücklich" zu bezeichnen, ist eine Verhöhnung ihrer Lebenssituation und letztlich nichts anderes als eine freche Lüge. Wer hier von „Tierwohl" spricht, der begeht schlicht vorsätzlich Betrug an den Konsument*innen, denn wohl fühlt sich kein einziges Tier in dieser Lage.

Aber nicht nur die Tiere sind Geschädigte dieses Massen-Milch-Systems, sondern auch die Natur und damit indirekt wir alle. Im Jahr 2019 wurden unglaubliche 3,6 Milliarden Kilo Soja[49] nach Deutschland importiert, ein nicht unerheblicher Teil davon landet auch als Sojaschrot im Futter für die Milchkühe. Dass diese Sojabohnen auch aus dem brandgerodeten Regenwald stammen, haben wir schon thematisiert. Von welchen Dimensionen wir allerdings sprechen, haben wir noch nicht hinreichend gewürdigt.

Auf einer Fläche, **dreieinhalb Mal so groß wie ganz Deutschland**, wird aktuell weltweit **Soja** angebaut. Alleine für den Verbrauch von Deutschland werden schätzungsweise jedes Jahr rund **1,4 Millionen Hektar Land** benötigt.[50]

Um das anschaulicher zu gestalten: Eine Fläche halb so groß wie Belgien wird benötigt, um allein den Sojabedarf von Deutschland zu decken, von dem ein wesentlicher Teil ins Tierfutter fließt.

Doch nicht nur die Inanspruchnahme von Fläche für die landwirtschaftliche Produktion stellt ein massives Problem dar, sondern auch die Form des Anbaus. Dieser erfolgt unter großem Einsatz von Pestiziden, die sich katastrophal auf die Artenvielfalt in der größten Ökoreserve der Welt auswirken und die Böden langfristig schädigen und für andere Formen der Nutzung jahrzehntelang unbrauchbar machen. Das ist tatsächlich Raubbau in Reinkultur.

Das nächste Problem: Was bei der Kuh an Futter vorne reinkommt, muss hinten auch wieder raus. Auf diese Weise entsteht jede Menge Gülle. Diese ist zwar in Maßen nützlich, in Massen jedoch absolut schädlich. Produziert ein Mastschwein etwa 1,5 Kubikmeter Gülle pro Jahr, so sind es bei einer auf maximale Leistung getrimmten Milchkuh schon bis zu 20 Kubikmeter. Also rund 20.000 Liter Gülle pro Jahr pro Kuh, macht zig Milliarden Liter flüssigen Mist allein in Deutschland jedes Jahr, der verteilt werden muss. Das sind Dimensionen, die man gar nicht mehr in Relation setzen kann, so unbeschreiblich groß sind sie.

Die idealtypische Kreislaufwirtschaft von angebautem Futter im Umfeld des kleinen Bauernhofs, der Handvoll Kühe, die Landwirt*innen noch selbst bewältigen können, und der Menge Mist, die im eigenen Verantwortungsbereich wieder als Dünger eingesetzt werden kann, ist hier weiter entfernt als der Mond von der Erde. Selbst wenn wir uns von den romantisierten Werbebildern verabschieden und anerkennen, dass auch die Milchwirtschaft inzwischen ein hochtechnologisierter Prozess ist, so sind die Folgen dieser Auswüchse absolut inakzeptabel.

Es sieht nicht danach aus, als würde sich diese Misswirtschaft so rasch ändern. Deutschland gehört immerhin zu den führenden Milchexporteuren der Welt, im globalen Vergleich liegt es knapp hinter Brasilien auf Platz vier. Nur der südamerikanische

Riese, die USA und Indien produzieren in absoluten Zahlen noch mehr Milch.[51]

Über **3,9 Millionen Kühe** produzieren gegenwärtig gewaltige **33 Milliarden Kilo Milch**, bis zu 50 Prozent davon werden **ins Ausland exportiert**, viel davon auch in Form von Milchpulver. Denn von den **über 700 Millionen Kilo Pulver**, die pro Jahr in Deutschland erzeugt werden, wird nur ein geringer Teil im Inland konsumiert.

Für deutsche und auch für österreichische Milchproduzenten ist daher der Exportmarkt von entscheidender Bedeutung und bei Hochwald Foods ist etwa der afrikanische Markt von großem Interesse. Über das Drehkreuz Dubai werden die künstlichen Überschüsse in Pulver- und Kondensform in alle Welt vertrieben.

Die milchverarbeitende Industrie ist in Deutschland zu einem wichtigen Wirtschaftszweig geworden, bald 30 Milliarden Euro werden laut Statistischem Bundesamt jährlich in diesem Sektor erwirtschaftet, alleine neun Milliarden kommen aus dem Export. Die größte Menge der deutschen Milch geht übrigens in die Niederlande und von dort aus weiter.

Die Erzeugung, Verarbeitung und Verbreitung von Milch ist aber auch ein Geschäft, das mit unserem Steuergeld stark querfinanziert wird. Zig Milliarden Euro jedes Jahr fließen in die Unterstützung der Landwirtschaftsbetriebe, die ohne diese Zahlungen – der größte Brocken stammt mittlerweile aus Töpfen der Europäischen Union – nicht mehr überlebensfähig wären. Wir müssen uns also vergegenwärtigen, dass die Grundbasis für den großen unternehmerischen Erfolg der Nahrungsmittelindustrie auch mit Steuergeld errichtet wird. Die Preise, die Landwirt*innen von den großen Molkereien für ihre Ware erhalten, die zwischen 31 und 35 Cent pro Kilogramm Milch liegen, sind nicht annähernd ausreichend, um eine existenzsichernde Landwirtschaft zu betreiben.

Auch hier liegt die Ursache vorwiegend wieder darin, dass die Molkereien die Produzenten so schlecht bezahlen, weil sie wiederum dem extremen Preisdruck des Handels unterliegen. Eine Negativspirale, bei der am Ende der Bauer und die Steuerzahler am meisten draufzahlen. Denn im Supermarkt kostet die Milch die Konsumentin pro Liter in Deutschland zwischen 80 Cent und 1,10 Euro, in Österreich zwischen einem Euro und 1,40 Euro, je nach Qualitätsgrad und Verarbeitungsform. Von diesem Preis erhalten die eigentlichen Produzenten, also die Landwirt*innen, gerade mal ein Viertel bis ein Drittel. Das kann sich nur ausgehen, wenn jemand die Differenz begleicht – und das machen wir alle, über den Steuertopf in Form der gewaltigen Agrarförderungen. Wir subventionieren also auch noch die Gewinne der Molkerei- und Handelskonzerne.

Ein letzter Aspekt, der an der Stelle noch berücksichtigt werden sollte, weil seine Folgen insgesamt so bedeutsam sind, sind die Auswirkungen der deutschen Milch-Exporte auf die Märkte im Globalen Süden. Wir haben vorhin schon erwähnt, dass insbesondere Afrika für die Milchwirtschaft ein wichtiger Absatzmarkt geworden ist. Der Exportschlager schlechthin sind angereicherte Magermilchprodukte, also ein Milchpulver, dem ein billiges Pflanzenfett hinzugefügt wurde. In der Regel ist das Palmöl, über dessen Schädlichkeit und negative Folgewirkungen ganze Bücher gefüllt werden könnten.

Das Milchpulver-Palmöl-Gemisch wird von Deutschland oder den Niederlanden aus in die Länder Afrikas gebracht, wie beispielsweise nach Nigeria. Dort wird es vor allem von jenen Menschen konsumiert, die sich keine lokale Milch leisten können, weil diese deutlich teurer ist als das importierte und mit EU-Steuergeld subventionierte Pulver. Und so dreht sich die Spirale weiter nach unten, denn wegen der fehlenden lokalen Nachfrage ist auch die Milcherzeugung vor Ort nicht mehr rentabel, da die heimischen Produkte teurer sind als die Importe. Die afrikanischen Bauern können nicht mehr mithalten und verlieren ihre Lebensgrundlage, die afrikanischen Konsument*innen werden abhängig vom Import des europäischen Milchpulvers und das Klima leidet unter den immer länger werdenden Transportwegen um die halbe Weltkugel.

Wir fassen also zusammen: In Deutschland wird wesentlich mehr Milch produziert, als wir für die Versorgung der eigenen Bevölkerung benötigen würden. Das schadet nicht nur den zu Milchmaschinen degradierten „Turbokühen", die ein stark verkürztes, leidvolles Leben führen müssen, sondern auch der Natur, die durch viel zu viel Gülle verpestet und den Anbau von importiertem Futtermittel langfristig zerstört wird.

Der Milch-Boom hilft den Bäuerinnen und Bauern aber nicht, sondern schadet ihnen im Gegenteil auch noch enorm. Denn immer mehr kleinere Bauernhöfe müssen zusperren, weil die Milchpreise so niedrig sind, dass sich nur die Erzeugung richtig großer Mengen lohnt, was wiederum schlecht für die lokalen Wirtschaftskreisläufe, aber positiv für die Margen der Konzerne ist. Angeheizt wird dieser Kreislauf durch massenhaft eingesetztes Steuergeld, von dem am Ende die Konzerne entlang der Wertschöpfungskette am meisten profitieren, also die Großmolkereien, die verarbeitende Industrie und der Lebensmittelhandel. Und alle anderen zahlen drauf.

Dass diese Dynamik letztlich in den Abgrund führt, lässt sich leicht ausrechnen. Wenn wir uns nun wieder der Nestlé-Pizza zuwenden, dann offenbart sich das zartschmelzende Erlebnis aus dem Steinofen auch in diesem Punkt also als eine Zusammensetzung von Einzelteilen, die in sich schon weder den Konsument*innen noch der Umwelt sonderlich zuträglich sind, in ihrer Gesamtheit aber sogar eine wahre Bombe der Zerstörung darstellen. Dabei sind wir noch gar nicht am Ende angelangt, denn eine wichtige Pizza-Zutat fehlt noch. Sie spielt eine ganz besondere Rolle, sowohl beim kulinarischen Erlebnis als auch bei der exemplarischen Betrachtung der Pizza als Schaustück. Der Boden, je nach Behandlungsart zwischen labbrig und knochenhart, ist das, auf dem am Ende alles ruht. Nicht nur der Pizzaboden, sondern auch das Feld, auf dem die Zutaten für den Teig erzeugt werden, hängen davon ab, wie man mit ihm umgeht. Wie unglaublich bedeutsam das ist, möchten wir uns im nächsten Abschnitt ansehen.

## Kaputter Boden

Das große Finale. Die Wissenschaft beim Pizzamachen: der Boden! Er mag zwar bereits vorgebacken sein, der berühmte „Knusperboden" der Nestlé-Wagner-Pizza, aber „knusprig-kross" bekommt man ihn daheim dennoch selten hin. Keine Sorge, das liegt weniger an Ihren Kochkünsten als am Format per se. Vorgebacken, tiefgekühlt, belegt, verpackt, aufgetaut, erhitzt – das ist einfach nicht die beste Methode, um ein lukullisches Highlight zu erleben. Darum geht es an dieser Stelle aber auch gar nicht, wir wollen uns zum Abschluss lieber die Erzeugung als die Zubereitung des Bodens genauer ansehen. Den Boden der Pizza genauso wie die Erde, der er letztlich entstammt. Denn der Pizzaboden ist im Wesentlichen eine Kreation aus Weizenmehl, Wasser, Hefe, Rapsöl, Zucker und Salz. Den Hauptbestandteil Weizen wollen wir nun unter die Lupe nehmen, denn auch seine Herkunft birgt eine eigene Geschichte. Zugleich müssen wir vorausschicken, dass es uns nicht leichtgemacht wurde, die Bezugsquellen nachzuvollziehen. Zwar gibt sich Nestlé Wagner große Mühe, sich in seiner Backkunst in die Tradition der alten Ägypter zu stellen, einen offenen Einblick gab uns der Konzern selbst auf Nachfrage allerdings nur bedingt, denn die Antwort der Pressesprecherin fiel eher nichtssagend aus: „Nestlé hat keine Produktionsstätten in Österreich. Wir beziehen die auf dem österreichischen Markt verkauften Produkte aus anderen europäischen Ländern. Die Beschaffung der in den Produktionsstätten außerhalb Österreichs verwendeten Rohstoffe kann regelmäßig variieren. Einige Rohstoffe wie Fleisch und Zucker, die für Produkte verwendet werden, die dann auf dem österreichischen Markt verkauft werden, werden jedoch größtenteils europäischen Ursprungs sein. Im Rahmen unseres globalen Responsible Sourcing Programms haben wir 15 Rohstoffe identifiziert, die ein höheres Risiko für Umwelt- und/oder Sozialprobleme darstellen. Diese Risiken werden durch einen freiwilligen Due-Diligence-Ansatz gesteuert. Dieser beinhaltet die Anforderung, eine Kartierung unserer vorgelagerten Lieferketten durchzuführen, Betriebsbewertungen durchzuführen und mit Lieferanten zusammenzuarbeiten, um die Anforderungen unseres Responsible Sourcing-Standards zu erfüllen. Diese Arbeit führte dazu, dass wir freiwillig unsere Tier-1-Lieferanten für diese Waren veröffentlichen, sowie über unsere Fortschritte in Hinblick auf unsere Responsible Sourcing KPIs berichten."[52] Doch wir wissen ohnehin, wie es um den Weizen bestellt ist.

Rund 23 Milliarden Kilo Weizen werden jährlich in Deutschland geerntet, dazu kommen für den weiteren Bedarf noch rund vier Milliarden Kilo an importiertem Weizen. Etwa die Hälfte davon wird an Tiere verfüttert und nur ein Drittel für Nahrungsmittelerzeugung verwendet. Zum Vergleich: Weltweit werden im Schnitt nur 20 Prozent des Getreides verfüttert und etwa 15 Prozent des Getreides für die industrielle Verwertung verwendet, etwa für die Erzeugung von Sprit.[53,54] Es wird jedoch prognostiziert, dass sich das bald wieder ändern soll und Getreide in Zukunft eine größere Rolle als Treibstoff spielen wird, um Bio-Ethanol und Biogas herzustellen, und somit auch wieder stärker zur Erzeugung von Energie genutzt werden wird. Deswegen wird von Landwirtschaftskonzernen auch laufend an einer Steigerung der Getreideproduktion gearbeitet. Durch die stetige Weiterentwicklung von Zuchtverfahren und Dünge-mitteln kam es in den letzten 50 Jahren zu einer Vervielfachung der Ernteerträge, anders könnte Deutschland seinen Getreide-bedarf heute rein rechnerisch nicht mehr abdecken.

Für Weizen ist Deutschlands wichtigster Importpart-ner Tschechien, fast die Hälfte der Importe stammt von dort. Danach kommen Polen und Frankreich, die Slowakei und Schweden. Aber auch die Ukraine, Ungarn und die Nieder-lande sind wichtige Lieferländer für Getreide nach Deutsch-land.[55] Deutschland behält den qualitativ hochwertigen Weizen, also jenen für die Herstellung von Brot, im Land und verkauft den Rest weiter. Für Futtermittel und den industriellen Bedarf wird hingegen billigeres Getreide ins Land gekarrt. Aus Sicht des Klimaschutzes ist diese Praxis eine Katastrophe und für viele Länder nachteilig, aber für Handelskonzerne ist dieses

Tauschgeschäft hochprofitabel. In Bezug auf den Umsatz in der gesamten Lebensmittelindustrie liegt die Weizenproduktion an vierter Stelle hinter der Fleisch- und Milchverarbeitung sowie der Getränkeherstellung. Mit großem Abstand an erster Stelle steht Weizen, wenn es um die Verwendung von Grund und Boden im Land geht.

Denn rund die Hälfte der gesamten Fläche von Deutschland wird für die Landwirtschaft und somit vorwiegend für den **Anbau von Weizen** genutzt. Die Anbauflächen dafür stiegen von **1991 bis 2010** um rund 740.000 Hektar auf knapp **3,3 Millionen Hektar** an.[56]

Angebaut wird der deutsche Weizen vorwiegend in den östlichen Bundesländern sowie in den beiden flächenmäßig größten Ländern Bayern und Niedersachsen. Die Ernte des Weizens erfolgt maschinell, weswegen auf Erntearbeiter*innen weitestgehend verzichtet werden kann und nur noch wenig Personal dafür erforderlich ist. Was es jedoch braucht, um mit den künstlich hochgezüchteten Getreidepflanzen die riesigen Ernteerträge zu erzielen, ist ein hoher Einsatz von Düngemitteln und Pestiziden. Unter dem harmlos klingenden Begriff „Pflanzenschutzmittel" werden allerlei Substanzen zusammengefasst, die dazu dienen, die gewaltigen Monokulturen aus Weizen, Raps & Co beständiger zu machen. Rund 49 Millionen Kilo Pestizide sollen laut der Umweltorganisation BUND im Jahr 2015 in Deutschland eingesetzt worden sein, doch die Datenlage ist schlecht. Das Umweltbundesamt spricht von einem

## DIE GRÖSSTEN PRODUZENTEN VON PESTIZIDEN UND IHRE WICHTIGSTEN ABSATZMÄRKTE
Kombinierte Umsätze der fünf größten Pestizidproduzenten auf ihren wichtigsten Märkten, in Millionen US-Dollar, 2018

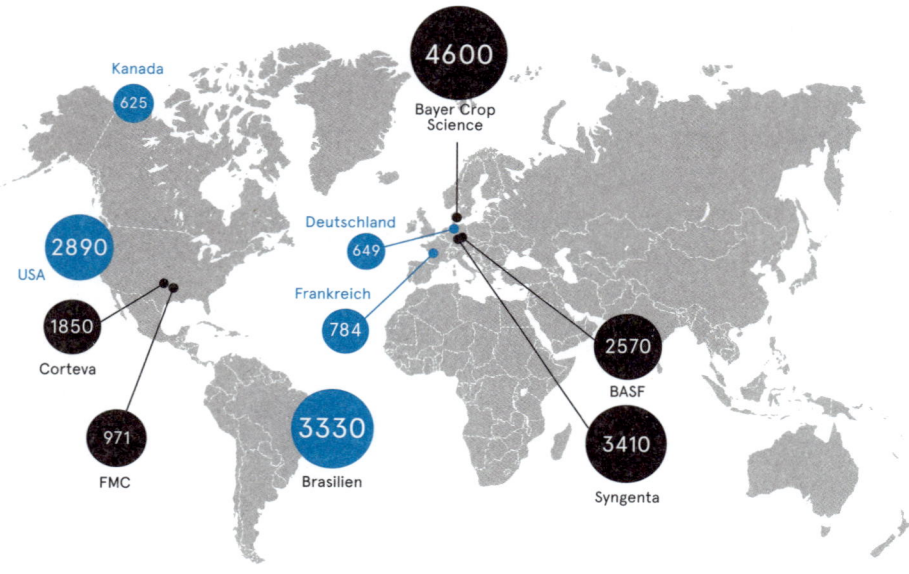

Identifizierbare Produkte der Hersteller Bayer, BASF, Syngenta (Europa) sowie Corteva, FMC (USA;
Auf dem weltgrößten Markt China haben inländische Hersteller einen Marktanteil von 90 Prozent

● Produzenten

● Absatzmärkte

durchschnittlichen jährlichen Einsatz von 8,8 Kilogramm Pflanzenschutzmittel je Hektar Anbaufläche, was bei über zwölf Millionen Hektar Ackerland und Dauerkulturen eine deutlich höhere Menge ausmachen würde[57]. Was die Wissenschaft jedoch mittlerweile hinreichend belegt hat, ist die schädliche Wirkung dieser Gifte auf die Natur und ihre Bewohner: die Insekten.

Mittlerweile wissen wir, dass der Rückgang der Artenvielfalt bei Pflanzen und Tieren zu den größten Gefahren unseres Planeten zählt, im gefährlichen Wechselspiel mit dem menschengemachten Klimawandel. Mit jeder verlorenen Tier- und Pflanzenart geht die Wehrhaftigkeit des Ökosystems ein Stück verloren. Fachleute weltweit sprechen mittlerweile von einem „Massensterben" der Arten. Auch in Deutschland. Wir haben vorhin geschildert, dass Unmengen an Gülle jährlich in der Fleisch- und Milchwirtschaft anfallen, die irgendwohin ausgebracht werden müssen. Nun, sie landen auf den Feldern. Die hohe Ausbringung von Gülle auf den Böden führt zu einer starken Nitratbelastung im Grundwasser, die in der Gülle enthaltenen Rückstände von Medikamenten aus der Massentierhaltung können zudem die Entstehung von multiresistenten Keimen begünstigen. Und das wiederum könnte zu erhöhten Trinkwasserkosten für die Bevölkerung führen, wenn der Reinigungsaufwand für das Wasser steigt.

Die Böden sind also voll mit Gülle, die aus der Massentierhaltung stammt, die das Grundwasser verpestet und gemeinsam mit den Chemikalien, die zum schnellen und ertragreichen Anbau des Getreides notwendig sind, einen giftigen Cocktail bildet. Ohne den massenhaften Einsatz dieser Chemikalien wäre der Anbau in Monokulturen gar nicht möglich. Sie sind zwar schädlich für die Böden, das Grundwasser, die Tiere und die Artenvielfalt, aber sie sind lukrativ und einfach maschinell zu bewirtschaften. Auch die deutsche Chemieindustrie hängt an ihrem Einsatz. Und die ist in Deutschland extrem dominant, denken wir etwa daran, dass die zwei größten Chemiekonzerne der Welt aus Deutschland kommen – BASF und Bayer, mit einem gemeinsamen jährlichen Umsatz von astronomischen 123 Milliarden Euro pro Jahr. So viel Geld übt bekanntlich eine

Menge Einfluss aus, auch auf die Politik, die sich seit Jahren für eine lasche Gesetzgebung im Bereich des Arten- und Naturschutzes kritisieren lassen muss.

Jetzt aber zurück zu unserer Pizza. Woher das Mehl und der darin enthaltene Weizen in unserer Steinofen-Sensation stammt, können wir aufgrund der mangelnden Transparenz bei Wagner nur erraten. Der Konzern schreibt jedoch auf seiner Homepage, gleich einem Hinweis bei einer Schnitzeljagd: „Das Mehl für unseren Teig beziehen wir ausschließlich aus der Großregion in einem Umkreis von rund 150 bis max. 300 Kilometern um das Stammwerk im saarländischen Nonnweiler."[58]

Wir haben uns die Liste aller Lieferanten angesehen, die wir auf Nachfrage, durch die Unterstützung von Nestlé, dann doch noch im Netz gefunden haben.[59] Demnach kommen im Grunde nur zwei Konzerne in Frage, von denen das Pizzamehl stammen könnte.[60] Das sind die Raiffeisen-Waren-Zentrale Rhein-Main eG, mit einem Umsatz von über 2,5 Milliarden pro Jahr, und die ZG Raiffeisen eG, mit über einer Milliarde Umsatz jährlich. Beide haben ihren Sitz rund 150 Kilometer von Nonnweiler entfernt, sind also heiße Kandidaten für den Zuliefererjob. Letztere Raiffeisen wurde übrigens 2020 zu einem Millionenbußgeld verurteilt, nachdem das Bundeskartellamt herausgefunden hatte, dass es sich an illegalen Preisabsprachen bei Pflanzenschutzmittel-Großhändlern beteiligte.

Zum knusprigen Boden lässt sich also abschließend festhalten: Er besteht aus Weizen, der zum Großteil in Deutschland angebaut wird, ganz genau lässt sich aber nicht sagen, ob das für diesen Teig verwendete Getreide tatsächlich deutschen Ursprungs ist oder nicht vielleicht doch importiert wurde. Echte Nachhaltigkeit gibt es beim Anbau von Weizen aber da wie dort ohnehin nicht. Wie knusprig auch immer der Pizzaboden am Ende aus dem Backrohr kommt, jeder Quadratzentimeter davon hinterlässt einen absolut gigantischen Fußabdruck an natürlichem Ressourcenverbrauch. Und das bringt uns nun auch schon zum Ende der Betrachtung unserer Pizza als idealtypischem Beispiel dafür, wieso es so wichtig ist, dass wir wissen, was auf unserem Teller landet.

## Der Kreis schließt sich

Piep, piep, piep … das nervig schrille Signal der Mikrowelle oder des Backofens am Ende des Backvorgangs markiert auch das Ende unserer Reise in die Welt der Tiefkühlpizza. Fertig ist es also, das Spitzenprodukt aus dem Hause Nestlé Wagner, das so perfekt für all das steht, was schief in unserer Landwirtschaft, Nahrungsmittelindustrie und Konzernwirtschaft läuft. Elf bis 13 Minuten soll es laut Herstellerangaben dauern, von der Entnahme der Pizza aus der Plastikverpackung bis zur essfertigen Portion auf dem Teller. Elf bis 13 Minuten, sofern das Backrohr entsprechend vorgeheizt wurde.

Vorgeheizt, das muss in gewisser Weise auch die Welt sein, wenn sie solche Erzeugnisse hervorbringen will. Wir wollen niemandem den Appetit verderben, es soll auch keine Anklage derer sein, die sich nur eine Tiefkühlpizza im Dauerrabatt leisten können – ganz und gar nicht. Ganz im Gegenteil sogar, wir hinterfragen, wieso ein Produkt, das so viel Schaden in der Entstehung anrichtet, so spottbillig sein kann. Würde man hingegen alle tatsächlichen Kosten und die Folgekosten, die bei der Herstellung dieser Pizza auf unsere Gesellschaft und die Natur zukommen, abbilden,

# WO DIE TIEFKÜHL-SALAMI-PIZZA HERKOMMT

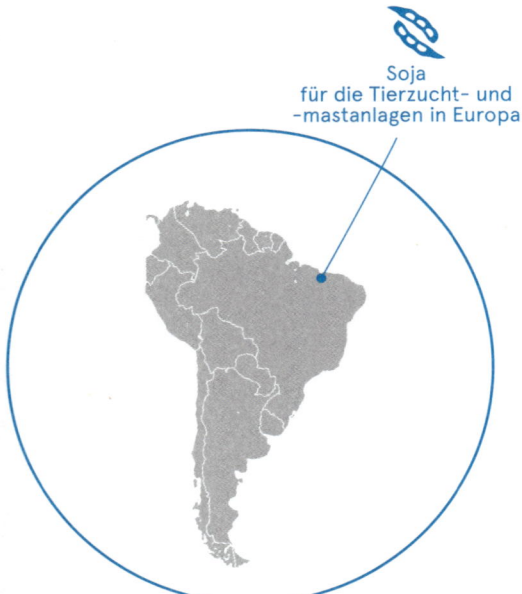

Soja
für die Tierzucht- und
-mastanlagen in Europa

Firmenzentrale
Nestlé

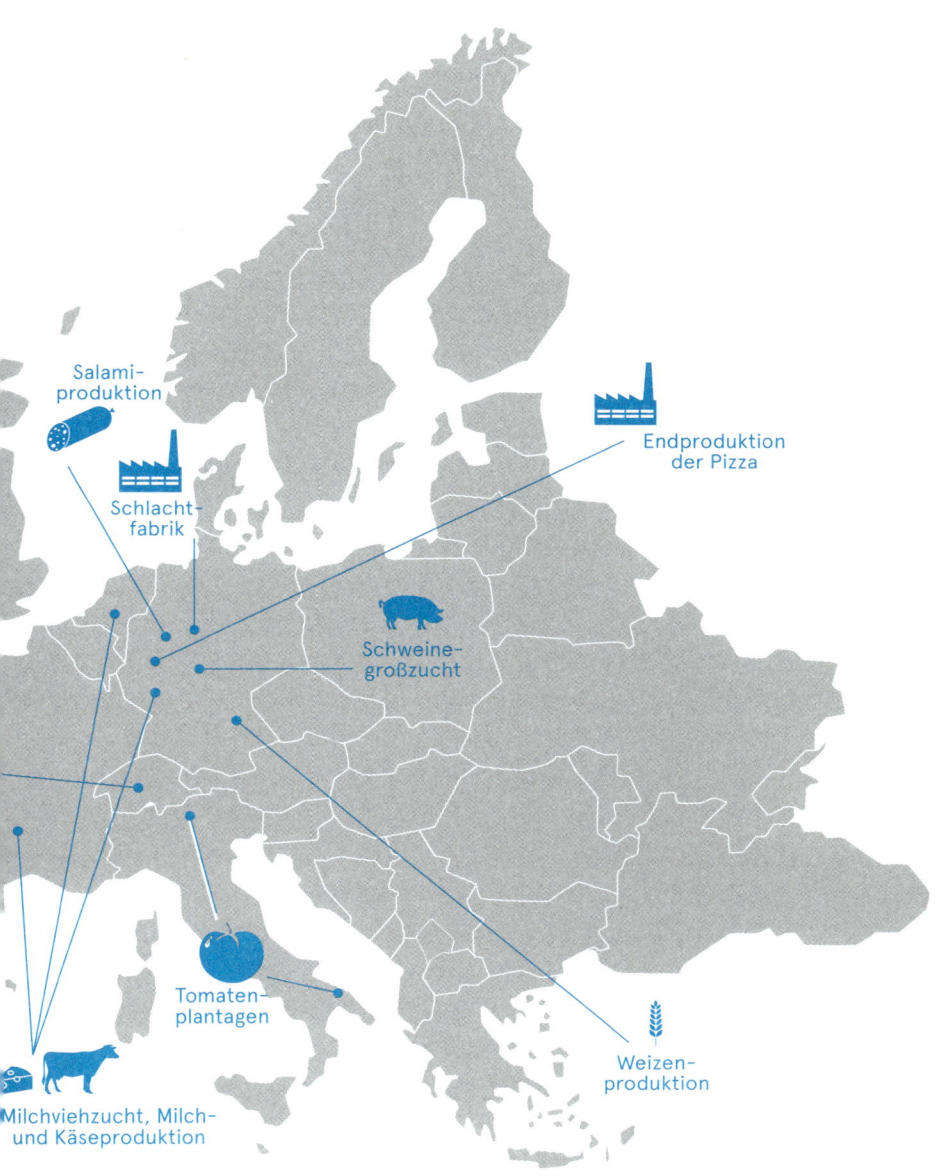

Salami-
produktion

Endproduktion
der Pizza

Schlacht-
fabrik

Schweine-
großzucht

Tomaten-
plantagen

Weizen-
produktion

Milchviehzucht, Milch-
und Käseproduktion

müsste ihr Preis eher im Bereich eines guten deutschen Mittelklassewagens liegen.

Schlüsseln wir das zum Ende noch mal kurz auf: Wir haben hier also Zigtausende ausgebeutete Migrant*innen, auf der Suche nach einem besseren Leben, die auf den Feldern Italiens oder in den Schlachthallen der Fleischkonzerne schuften. Dann gibt es noch die Millionen an gequälten Tieren, die Schweine und Kühe, verdammt zu einem kurzen und erbärmlichen Leben als Fast-Food-Ressource. Und natürlich die Natur und Umwelt, systematisch abgefackelt und verpestet für Generationen. Menschen, Tiere und Umwelt in unvorstellbarer Weise geschädigt, weil die Profitgier der Konzerne es verlangt. Das absurde an unserem Wirtschaftssystem ist, dass die Kassa bei manchen mächtig piept bei so viel Zerstörung, obwohl es im Grunde – also einer natürlichen Grundlogik folgend – genau umgekehrt sein müsste. Logisch ist hier aber schon lange nichts mehr. Und so raschelt es in den Geldbeuteln derer besonders laut, die alles kaputtmachen, umso lauter, je rücksichtsloser sie agieren. Auch wenn so viel Ungerechtigkeit einen wütend machen muss, es lohnt sich, genauer hinzusehen, wer in welchem Ausmaß davon profitiert, dass die Pizza, die so wahnsinnig viele Ressourcen verbraucht, am Ende so unerhört billig zu kaufen ist.

Nehmen wir hier als Beispiel etwa wieder Tönnies, den Schweine-Lieferanten für die Salami der Wagner-Pizza und größten Schlachtbetrieb für Schweine in Deutschland. Seine marktbestimmende Position – Insider sprechen gar davon, dass Clemens Tönnies seit Jahrzehnten die Schweinepreise in ganz Europa bestimme[61] – lohnt sich. Über sieben Milliarden Euro Umsatz im Jahr 2020, gar 7,3 Milliarden im Jahr 2019 und auch der Gewinn dürfte sehr ansehnlich sein. Doch es lässt sich am geschätzten persönlichen Vermögen von Eigentümer Clemens Tönnies erahnen, wie lukrativ das Geschäft ist, über 1,3 Milliarden Euro soll alleine er besitzen. Mit besten Verbindungen zur Politik, von Wladimir Putin bis Ex-Kanzler Gerhard Schröder, mit viel Einfluss aber auch über sein Engagement im Sport.

Wer den Unternehmungen der Familie Tönnies etwas Aufmerksamkeit schenkt, findet zahlreiche Anzeigen und Strafzahlungen wegen illegaler Preisabsprachen[62], falscher Etikettierungen und Manipulation[63], aber auch sexuelle Übergriffe[64] in Fabriken oder die Video-Überwachung von Beschäftigten sogar in den Duschbereichen.[65] Was alles rund um die Corona-Hotspots an Umgehung von Arbeitsrechten und Sorgfaltspflichten ersichtlich geworden ist, haben wir bereits thematisiert. Wir brauchen uns nicht näher mit dem Eigentümer Clemens Tönnies zu beschäftigen, gegen den wegen Steuerhinterziehung ermittelt wurde, der mit rassistischen Äußerungen[66] aufgefallen oder in den Cum-Ex-Skandal[67] verwickelt war, um festzustellen, dass es sich beim Tönnies-Komplex um einen moralisch hochgradig fragwürdig agierenden Konzern handelt. Aber der Rubel rollt.

Und natürlich dürfen wir am Ende die Mutter aller Nahrungsmittel-Konzerne nicht vergessen, die Steinofen-Pizza-Mutter Nestlé. Sie machte unglaubliche 12,2 Milliarden Euro Reingewinn im Jahr 2020. Zwischen 2010 und 2020 konnten sich die Aktionär*innen von Nestlé über Gesamtgewinne im Ausmaß von 140 Milliarden Euro freuen. Es ist der größte Nahrungsmittel-Multi der Welt, mit einem Marktwert von über 300 Milliarden Dollar, an dem der staatliche norwegische Pensionsfonds genauso beteiligt ist wie zahlreiche Banken und Finanzdienstleister aus aller Welt.

Wer sich mit Nestlé nur fünf Minuten intensiver beschäftigt, der findet Unmengen an Reportagen und Dokumentationen zu den Gräueltaten, den Verbrechen, den Unmenschlichkeiten dieses Konzerns. Wir reden hier von Kinderarbeit für den Kakao-Anbau[68], ja sogar von Kinderhandel und Folter[69], Missstände, für die Nestlé in der Vergangenheit bereits verklagt wurde. Von Repressionen gegen Gewerkschafter*innen beim Kaffee-Anbau[70], von Korruption im großen Stil, von der Einflussnahme auf Politik und Medien sowieso.[71] Wir sprechen auch von grausamen Tierversuchen[72], von Regenwald-Zerstörung, von Landraub und dem Diebstahl von Trinkwasser.[73] Es wurden Bücher geschrieben und Filme gedreht über das Firmen-Monster Nestlé, dessen Führungsriege sich über dem Gesetz wähnt. Und auch keine Probleme damit hat, mit jenen Geschäfte zu machen, die sich ihre eigenen Gesetze machen, etwa mit Despoten.

Wer also nur diese kleine Pizza, die wir hier als Beispiel gewählt haben, näher betrachtet, stellt unweigerlich fest, dass es unendlich viel Ungerechtigkeit braucht, um sie so günstig, so massenhaft herzustellen. Vieles von dem, was wir intuitiv glauben, wenn wir es mit diesen Konzernen zu tun haben, wissen wir inzwischen auch – immerhin wird seit Jahren über die Machenschaften der Lebensmittel-Multis geschrieben und berichtet. Aber manches liegt im Dunkeln, wird gezielt vor uns versteckt. Je mehr wir das zulassen, umso schlimmer wird es. Es geht hier nicht um den Boykott der Pizza, oftmals sind die Produkte auch alternativlos oder scheinen zumindest so. Es geht hier darum, dass die globalen Lieferketten der Nahrungsmittelkonzerne transparent gemacht und Verantwortungsübernahme eingefordert werden muss. Das werden wir, man kann es nicht oft genug wiederholen, nicht an der

Kassa herbeiführen, das müssen wir über ein Lieferkettengesetz erwirken. Nein, wir wollen nicht, dass die Produktion von Tiefkühlpizza sofort eingestellt wird oder dass wir jetzt alle zu Selbstversorgern werden müssen – absolut nicht. Wir wollen aber für mehr Fairness sorgen, gerade wenn es um unsere Lebensmittel und ihre Herstellung geht. Wir wollen, dass das, womit die Multis werben, auch zur Realität wird. Oder dass sie zumindest mit der Realität werben müssen. Denn dann können sich die Konsumentinnen und Konsumenten auf Basis der Wahrheit dafür entscheiden, ob sie sich durch ihren Konsum daran beteiligen möchten.

Vom Feld bis zum Teller gibt es Gewinner*innen und Verlierer*innen. In der industrialisierten Erzeugung und Verteilung von Nahrung sind es immer die Konzerne, die gewinnen, und die Menschen, die verlieren. Die Landwirt*innen, Erntearbeiter*innen und Fabrikarbeiter*innen verlieren ihre Gesundheit, ihre Würde, ihre finanzielle Existenz und viel zu oft auch ihr Leben. Die Konzerne gewinnen, nicht nur in der Nahrungsmittelindustrie, sondern vor allem auch im Handel. Ganz gleich, ob wir zur Nestlé-Wagner- oder zur Oetker-Pizza greifen, oder ob wir uns mal eine gesunde Alternative gönnen, gewinnen sie. Es ist ihnen am Ende auch egal, was wir konsumieren, solange wir es bei ihnen machen. Die deutsche Schwarz-Gruppe, als Mutterkonzern von Lidl und Kaufland, ist nicht umsonst das größte Handelsunternehmen Europas. Da sind dann noch die Rewe-Gruppe, Aldi, Edeka und Metro in Deutschland, Spar in Österreich und Coop in der Schweiz, die zu den ganz Großen in Europa gehören. Zusammen erwirtschaften sie bald fast eine halbe Billion Euro pro Jahr.

Wer sich diese ungeheuerlichen finanziellen Dimensionen vergegenwärtigt, kann ermessen, mit was für einer Macht diese Konzerne ausgestattet sind. Macht über Politik und Medien, Macht über willfährige Greenwashing-Vereine, damit letztlich auch Deutungshoheit über öffentliche und gesellschaftliche Diskurse. Aus diesem Kreis auszubrechen, bei dem so viele Menschen verlieren und nur ganz wenige Konzerne wirklich gewinnen, bedeutet also natürlich auch, sich bewusst zu machen, was man macht, wenn man den Supermarkt betritt. Wenn man das Kühlregal öffnet. Wenn man die Mikrowelle einschaltet. Aber vor allem bedeutet es, sich bewusst zu machen, dass nichts von dem, was wir jetzt am Beispiel der Steinofen-Pizza von Nestlé Wagner illustriert haben, so weitergehen muss. Es könnte alles auch ganz anders laufen. Darauf wollen wir später noch genauer eingehen. Für den Moment wollen wir es dabei belassen. Und wer weiß, vielleicht wählt man das nächste Mal dann doch eine andere Quelle für sein Essen? Es gibt glücklicherweise wirklich vieles zu entdecken.

# ANRUF AUS DEM ELEND

Es ist ein kleines, alltägliches Ärgernis, das uns immer wieder in Erinnerung ruft, wie abhängig wir mittlerweile von der Technik in dem polierten Metallteil in unseren Hosentaschen geworden sind: kein Empfang. Die Verbindung fehlt, das Netz ist weg, Schluss mit dem digitalen Reigen. Auch wenn die Funklöcher stetig weniger werden, die erzwungenen Pausen in der Interaktion mit und durch das Gerät sind uns allen wohlbekannt. Wie oft schon haben wir dann auf den Bildschirm geblickt, ungeduldig, genervt, in einer Beschleunigung, die in keiner Weise den realen Notwendigkeiten entspricht, die sich aber wie von selbst einstellt, wenn die automatisierten Prozesse angehalten werden. Und ja, da kann man dann schon auf komische Gedanken kommen, wenn man plötzlich abgelenkt wird von der lieb gewonnenen Routine, den Statusupdates und den vielen wichtigen Benachrichtigungen aus aller Welt, die da auf uns warten. Zum Beispiel taucht dann plötzlich die Frage auf, was man da eigentlich genau in den Händen hält. Was verbirgt sich unter dem Display in der Plastikhülle mit dem kleinen berühmten Apfel auf der Rückseite eigentlich? Und wie ist dieses wunderliche Luxusgerät entstanden? Wir möchten diesen Fragen am Beispiel des Apple-iPhones nachgehen, dem mit Abstand präsentesten aller Smartphones – und auch dem teuersten.

Informations- und Kommunikationstechnologien gehören im 21. Jahrhundert für fast alle Menschen in der einen oder anderen Form zu den Gebrauchsgegenständen des täglichen Lebens. Die digitalen Brücken zwischen den Welten sind zum unverzichtbaren Bestandteil nahezu jeglichen Wirtschaftens geworden, aber auch unser privates und soziales Leben wird davon bestimmt, wie wir mit anderen in Verbindung treten können. Im Zentrum steht dabei das Smartphone, das nicht mehr nur für eine reibungslose Sprechverbindung sorgt, sondern uns alle mit allen und allem vernetzt. Immer mehr Menschen beziehen auch ihre Informationen primär aus sozialen Netzwerken und das Smartphone ist ihr persönlicher Schlüssel dazu. Das Essen wird über das Mobiltelefon bestellt, die Pollenbelastung in der Luft abgefragt, mit Freund*innen, Kolleg*innen und Verwandten rund um die Uhr kommuniziert. In manchen Teilen der Welt ist der unbare Geldtransfer fast gänzlich auf die mobilen Empfänger verlagert worden, die auch im wahrsten Sinne des Wortes als Türöffner fungieren.

Die globale Smartphone-Industrie boomt, auch wenn sich das Wachstum seit 2016 leicht abgeschwächt hat und die Wachstumsmärkte nun außerhalb von Nordamerika und Europa liegen: Allein in Asien gibt es über zwei Milliarden Smartphone-Nutzende, in Europa und Nordamerika sind es etwa über 800 Millionen. Bis zum Jahr 2023, so die Prognosen, sollen über vier Milliarden Menschen weltweit ein Smartphone nutzen.[74]

## SMARTPHONE-MARKT IN DEUTSCHLAND

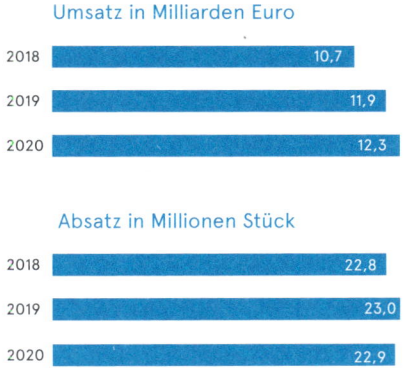

Umsatz in Milliarden Euro

2018 — 10,7
2019 — 11,9
2020 — 12,3

Absatz in Millionen Stück

2018 — 22,8
2019 — 23,0
2020 — 22,9

Ein Smartphone kostete 2020 im Durchschnitt **536 Euro**

Jedes Jahr werden nach wie vor über 1,25 Milliarden Smartphones verkauft, im Jahr 2018 konnten die Hersteller damit über 500 Milliarden Euro erwirtschaften. In Deutschland werden seit 2012 jährlich über 22 Millionen Smartphones verkauft und – bei einem Durchschnittspreis von aktuell 500 Euro pro Stück – auch gewaltige Erlöse im Ausmaß von insgesamt bis zu elf Milliarden Euro damit erzielt.[75]

Marktführer in Europa, Afrika und Südamerika ist Samsung, rund ein Drittel aller verkauften Smartphones stammen vom südkoreanischen 200-Milliarden-Dollar-Multi. Mit einigem Abstand kommt dann aber auch schon Apple. Das kalifornische Unternehmen liefert rund 22 Prozent aller verkauften Smartphones in Europa und ist in Nordamerika mit 50 Prozent unangefochtener Marktführer.[76] Keine Firma ist mit ihren Smartphones weltweit medial präsenter als Apple, was nicht nur an den rund 189 Millionen verkauften Stück pro Jahr liegt.

Auch wenn der US-amerikanische Konzern nach Stückzahl deutlich hinter Samsung liegt, soll er uns aufgrund seiner beispiellosen Dominanz als Beispiel dienen. Denn das iPhone ist geradezu zum Inbegriff des Aufbruchs in eine neue digitale Zeit geworden, es findet sich gut platziert in Film und Fernsehen und hat im Globalen Norden seit vielen Jahren eine Art popkulturelle Leitfunktion. Und es ist am Ende natürlich hochprofitabel. Kein Konzern macht mit dem Smartphone mehr Gewinn als Apple, das über 57 Milliarden Dollar pro Jahr verbuchen kann. Rund die Hälfte davon stammt aus dem iPhone-Verkauf.[77]

Schon die Ankündigungen und die darauf folgenden Einführungen neuer Modellversionen des iPhones sind stets mit gewaltigem Marketingaufwand verbunden. Beim Launch eines neuen Modells beschwören mitteljunge Männer in Rollkragenpullovern und Turnschuhen auf überdimensionalen Bühnen den historischen Charakter der neuen Anwendungen, inszenieren sich selbst als Vordenker einer ganzen Generation.

Im Scheinwerfer stehen dabei immer nur jene, die das Gerät in schicken Büros konzipiert, die sich das Design überlegt und die Algorithmen entwickelt haben, die alles im Hintergrund wie von Geisterhand steuern. Im Dunkeln bleiben dagegen diejenigen, die das Gerät tatsächlich bauen. Diejenigen, die die notwendigen Komponenten aus der Erde schürfen, sie am Hochofen schmelzen, die Geräte zusammenbauen und verpacken, sie um die halbe Welt transportieren und uns in die Wohnung liefern. Das Heer an gesellschaftlichen Nützlingen, das von den Konzernen mitunter wie ein Wegwerfwerkzeug behandelt wird. Das in einem Rahmen von moderner Sklaverei um sein Überleben kämpft, damit wir uns noch schneller und noch leichter durch die digitale Welt bewegen können.

Während wir Konsumierende uns gerne mit Farbe und Funktionalität des neuesten iPhone-Modells befassen, stellen wir uns eine Frage viel zu selten: Was ist eigentlich mit seiner Erzeugung verbunden? Diese klaffende Lücke in unserer Aufmerksamkeit möchten wir schließen. Wir wollen ein Loch in unserem Bewusstsein mit Informationen darüber füllen, woher die Geräte tatsächlich kommen, von wem und auf welche Weise sie wirklich erzeugt werden. Denn in der öffentlichen Wahrnehmung gibt sich Apple gerne als Innovator und Vorreiter, in Wahrheit belebt die Firma mit der Art und Weise, wie ihr Produkt hergestellt wird, aber in gewisser Weise die Steinzeit wieder.

Die Apple-Strategie, nur wenige Modelle, diese aber dafür zu den höchsten Preisen im Vergleich zur Konkurrenz zu verkaufen, hat sich als extrem erfolgreich erwiesen. Das Unternehmen hat sich auch dadurch zu einer der wertvollsten Marken der Welt gemausert, weil Hardware und Betriebssystem untrennbar verknüpft sind und Konkurrenten von dem eigenen Ökosystem ferngehalten werden.

Ein Vorgehen, das sich bei den anderen Apple-Produkten bewährt hat, ist die in sich geschlossene Produktionskette, in der allerdings so gut wie nichts mehr vom Unternehmen selbst stammt oder gar in den USA hergestellt wird. Seine gesamte Produktion hat Apple nämlich ausgelagert, den größten Teil davon nach China. Während sich die Mobiltelefone seit ihrer Einführung immer mehr und immer neue Funktionen angeeignet haben, haben sich auch die Lieferketten in der Mobilkommunikation immer weiter über Unternehmens- und Ländergrenzen hinweg ausgebreitet. In einem riesigen globalen Netzwerk, das sich über unzählige Rohstoff- und Produktionsstätten hinzieht, arbeiten Hunderttausende Menschen daran, dieses kleine Gerät herzustellen, das für uns oft die Welt bedeutet.

Zwar sind die Entwicklung, das Design und das Marketing von Apple nach wie vor im Silicon Valley in Kalifornien konzentriert, aber alle Produktionsstätten sind auf andere Kontinente verteilt. Die Herstellung der Geräte wird von Vertragspartnern durchgeführt, ihr Standort orientiert sich an der Verfügbarkeit von Ressourcen und den Möglichkeiten für eine möglichst billige und ungestörte Massenproduktion – es müssen also Energie, Metalle, Plastik und vor allem Arbeitskräfte vorhanden sein. Dort, wo die Auflagen, Rechte und Löhne am niedrigsten sind, dort wird produziert.

Die Lieferanten der einzelnen Komponenten des iPhones sind hauptsächlich in Japan, Korea, Taiwan und China ansässig, die ursprünglichen Rohstoffe stammen jedoch aus ganz anderen Teilen der Welt. Was in den asiatischen Werkshallen zusammengebaut wird, ist bereits vorportioniert und baufertig geliefert worden. Das Fließband steht niemals still und entfaltet die ganze turbokapitalistische Kraft dieser Arbeitsteilung. Zukünftig soll dank eines indischen produktionsgebundenen „Anreiz-Programms", bestehend aus Steuergeschenken für Apple, auch in Indien produziert werden. Auch auf diese Weise kann man als multinationaler Konzern den Gewinn unaufhörlich steigern.

Laut eigenen Angaben hat **Apple** im Jahr 2019 ganze **1.142 Lieferantenbewertungen** in **49 Ländern** durchgeführt.[78] Auf der Liste der 200 wichtigsten Apple-Zulieferer[79], die auch öffentlich eingesehen werden kann, befanden sich in den letzten Jahren der Großteil der Fabriken in **China**, gefolgt von **Japan**, den **USA** und **Taiwan**.

Fast jeder der Zulieferer hat wiederum mindestens ein Werk in China, unabhängig von seinem Heimatland, was die Bedeutung der lokalen Lieferkette verdeutlicht.[80] Wie diese seitenlangen Listen über die Apple-Zulieferer anschaulich zeigt, ist es jedoch allein aufgrund der schieren Menge nahezu unmöglich, die Produktion bestimmter Teile und Komponenten mit bestimmten Werksstandorten in Verbindung zu bringen.

Außerdem enthält jedes Smartphone eine große Anzahl von Komponenten wie Kondensatoren und Widerstände, verschiedenste mechanische Teile, ein Gehäuse, ein visuelles Display, einen Speicher und integrierte Schaltkreise. Diese Komponenten, die wiederum selbst alle komplizierte Systeme sind, können ebenso ihre eigenen multinationalen Lieferketten haben. Zum Beispiel kann ein integrierter Schaltkreis von einem

# WO DAS SMARTPHONE HERKOMMT

Kupfer- und
Kobaltminen

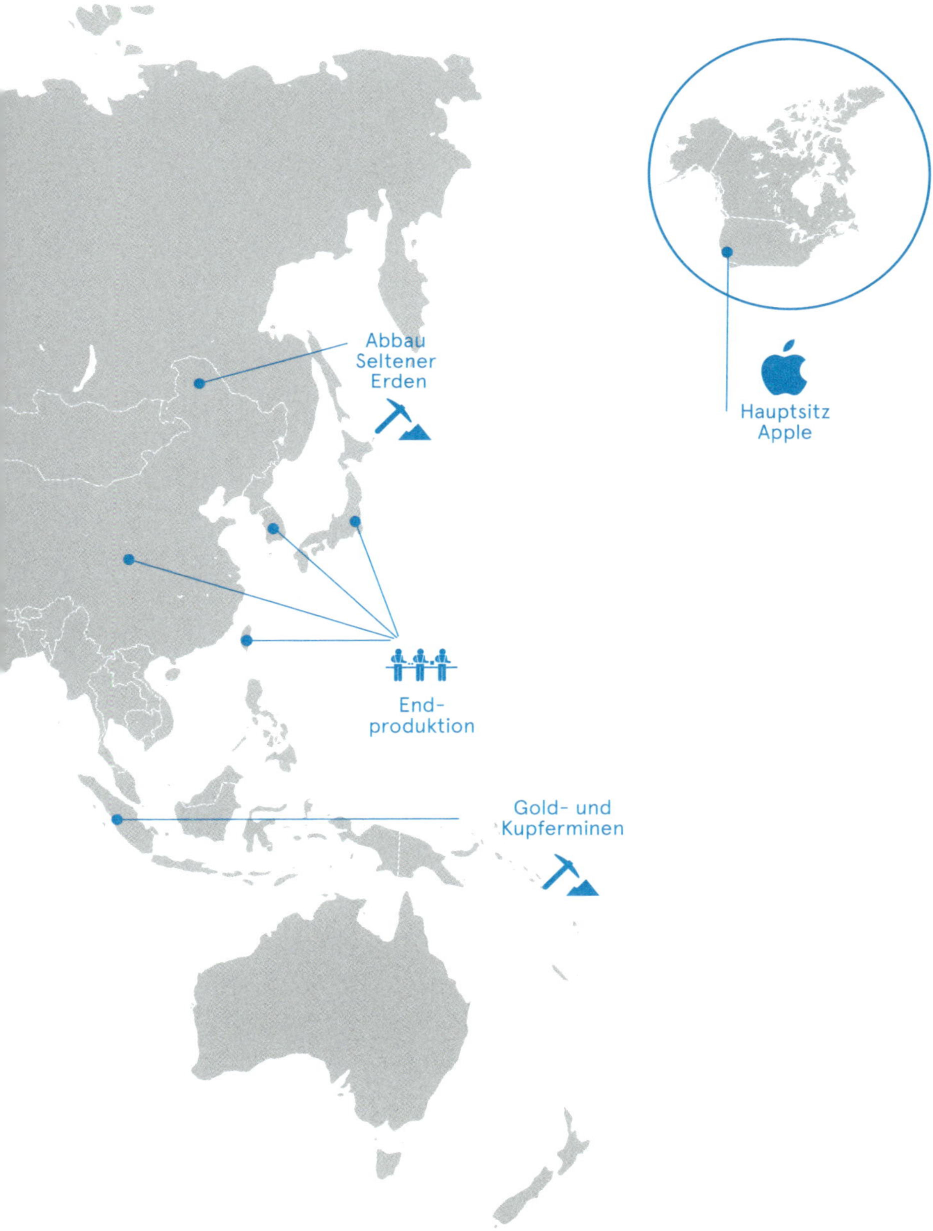

Abbau
Seltener
Erden

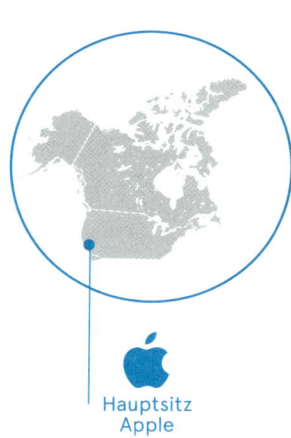

Hauptsitz
Apple

End-
produktion

Gold- und
Kupferminen

US-Unternehmen entwickelt, aber von einem Zulieferer in Taiwan hergestellt werden und in Malaysia endverpackt worden sein, bevor er an ein Produktmontagewerk verschickt wird. Die gesamte Lieferkette eines iPhones nachzuzeichnen ist de facto unmöglich geworden.

Ähnlich verhält es sich mit den Rohstoffen, aus denen die einzelnen Bestandteile des iPhones bestehen. Woraus wird dieses Wunderwerk der Technik gebaut – aus Glas, Aluminium, Plastik? Gold soll angeblich enthalten sein, zu Gesicht bekommen wir es allerdings nicht. Was wir auch nicht zu sehen bekommen, sind die handgeschürften Tunnel im Ostkongo. Wo Kinder im Alter von acht, zehn oder zwölf Jahren mit ihren bloßen Händen nach den Rohstoffen graben, die zur Herstellung einzelner Bauteile benötigt werden. Ihnen wird dabei nicht nur ihre Kindheit, sondern auch die Gesundheit geraubt. Niemals machen sie das freiwillig, manchmal zwingt sie ein Warlord dazu, manchmal ist es die pure Flucht vor dem Hunger. Sie sind die vorderste Front im weltweiten Kampf von Apple um Profit, die kleinsten Rädchen im mächtigen Getriebe der milliardenschweren Industrien, die letztlich alles für ihren Vorteil zermahlen – die Rohstoffe und die zu ihrem Abbau ausgebeuteten Kinder.

Nein, es sind nicht die Rollkragenpullover auf den Bühnen, die den direkten Auftrag geben, in die Tunnel zu kriechen mit der Hoffnung, rechtzeitig rauszukommen, bevor sie einstürzen. Es sind vielmehr die Tausenden lokalen Auftragnehmer der regionalen Zulieferer der globalen Konzerne, die vor dem Tunnel auf den Rohstoff warten.

Es ist nicht schick und es ist auch nicht modern, was hier im Dunkeln passiert. Weder in den 50 Meter tiefen Erdlöchern in Afrika noch in den gigantischen Fabrikhallen in Asien oder den schmucklosen Auslieferungsstätten für Pakete in Europa. Wir haben just zu jenen die Verbindung verloren, die uns die Verbindung überhaupt erst ermöglichen – obwohl die Information, wie es ihnen geht, mit zwei, drei Klicks abrufbar wäre.

Auch wenn sich die Konzerne viel Mühe geben, die Lieferketten zu verschleiern, sie möglichst intransparent zu gestalten – inzwischen wissen wir, was in den Smartphones steckt, woher es kommt und wie es hergestellt wurde. Mittlerweile ist gut dokumentiert, wer die Menschen sind, die für uns die Geräte erzeugen, die unser Leben so maßgeblich prägen. Es wird also höchste Zeit, dass wir in Verbindung treten mit dieser Vorgeschichte und uns bewusst machen, was und wer die Geräte so smart macht.

## Giftiges Metall

Ein Mobiltelefon besteht aus über 60 unterschiedlichen Stoffen, ein Drittel davon sind 35 verschiedene Metalle aus aller Welt.

Einen wesentlichen Anteil dabei nimmt **Kupfer** ein –rund **16.000 Tonnen** davon landen jedes Jahr in Smartphones. Den zweiten Platz belegt **Kobalt** mit rund **6.800 Tonnen**, es folgen **Silber** mit **450 Tonnen** und **Gold**, von dem ganze **43 Tonnen** jährlich in Smartphones verbaut werden.[81]

Um uns ein Bild davon machen zu können, wie der Abbau dieser wertvollen Metalle passiert und welche Folgen damit einhergehen, könnten wir viele Beispiele heranziehen. Im internationalen

„Environmental Justice Atlas der Umweltgerechtigkeit"[82], in dem soziale Konflikte in Bezug auf Umweltfragen katalogisiert werden, sind aktuell ganze 291 Konflikte dokumentiert, die auf der Nachfrage nach Gold basieren. Da Kupfer und Kobalt aber die mit Abstand wichtigsten iPhone-Metalle sind, führt uns unsere erste Reise in die Demokratische Republik Kongo, wo neben Kupfer vor allem auch Kobalt im wenig regulierten Kleinbergbau abgebaut wird. Und der ist meilenweit von den schönen Werbebildern entfernt, mit denen das Gerät bei uns angepriesen wird.

Die DR Kongo verfügt über 48 Prozent der globalen Kobaltreserven und nirgendwo auf der Welt wird mehr davon abgebaut. Mit den steigenden Kobaltpreisen seit 2015 wurde die Bergwerksförderung im „Kupfergürtel", der sich im südöstlichen Teil des Kongos bzw. im Zentrum Sambias befindet, schnell und deutlich ausgebaut. Bis zum Jahr 2030 soll sich der Handelswert von Kobalt verdreifachen, der von Kupfer immerhin um rund 50 Prozent steigen.[83] Dieser Boom führte zum Umzug vieler arbeitssuchender Kongoles*innen und Bewohner*innen der angrenzenden Kasai-Provinzen zu den Minen. Schätzungen zu Zahlen der aktiven Bergleute in der Region beliefen sich im Jahr 2018 auf rund 150.000 bis 200.000 Personen.[84] Ein Großteil des Bergbaus erfolgt bis heute illegal oder zumindest informell, also undokumentiert – in Schwarzarbeit also. Die einzelnen lokalen Lieferketten der Minen zu den verarbeitenden Raffinerien sind deswegen für Außenstehende nicht nachvollziehbar. Als Ende 2018 die Kobaltpreise wieder sanken – seit 2021 steigen sie wieder an, weil China stärker in den Abbau im eigenen Land investierte –, verloren viele der zugereisten Bergleute innerhalb weniger Wochen ihre Arbeit.

Obwohl der Kupfer- und Kobalt-Abbau in der DR Kongo im Fokus der internationalen Aufmerksamkeit steht, herrschen dort gravierende Missstände. Weil die Industrie auf den Rohstoff angewiesen ist. Trotz mangelnder staatlicher Aufsicht, unkontrollierter Migrationsbewegungen, Mängel in der Arbeitssicherheit, Umweltschäden, sozialen Problemen sowie Korruption übt die Region eine hohe Anziehungskraft auf die verarmte Bevölkerung aus. Viele haben schlicht keine Alternativen. Tausende Kleinbergleute sind als sogenannte Handklauber rund um die Minen im industriellen Besitz unterwegs. Sie sammeln auf und schürfen mit Schaufeln aus der Erde, was ihnen unterkommt. Wenig professionell wird auch unter der Erde geschürft. In den improvisierten Gruben und Schächten gibt es keinerlei Stützen für die Wände oder Decken, geschweige denn Lüftungstunnel oder Fluchtwege. Auch Helme, festes Schuhwerk oder irgendwelche anderen Sicherheitsmaßnahmen fehlen.

Das Unfallrisiko durch Ersticken, Stürzen oder Verschüttung ist extrem hoch. Bergarbeiter berichten von mindestens 68 Todesopfern im Jahr 2018 und rund 100 Verletzten.[85] Im Sommer 2019 starben beim Einsturz einer Mine des Konzerns Glencore im Kongo mindestens 19 Menschen. Damals appellierte der Schweizer Rohstoffmulti, der mit durchschnittlich über 200 Milliarden Euro Umsatz pro Jahr einer der größten der Welt ist, an die Opfer – die vielen illegalen Bergarbeiter, die in ihren Minen schuften –, nicht länger ihr Leben zu riskieren. An den eigenen Geschäftspraktiken änderte der global zweitgrößte Kupfer-Produzent dagegen nichts. Ganz im Gegenteil: Im gleichen Jahr leiteten die britischen und die US-amerikanischen Antikorruptionsbehörden jeweils Untersuchungen gegen den Konzern ein. Der Vorwurf lautete, dass über Umwege Einfluss auf die Politik genommen worden sein soll, um an Abbaurechte im Kongo zu gelangen.[86]

Ende 2020 sorgte erneut ein großes Grubenunglück im Ostkongo mit über 50 Toten für weltweites Aufsehen. Jahr für

Jahr kommt es zu solchen Dramen, die Opfer sind stets junge Männer auf der Suche nach einem Einkommen, getrieben von Verzweiflung und Perspektivenlosigkeit. Beim Abbau der anderen Rohstoffe wie Gold, Zinn, Tantal und Diamanten, von denen der Kongo ebenfalls Reserven besitzt, sieht es übrigens kein bisschen besser aus.

Der vielfach illegale Charakter des Großteils der Minen gibt den Käufern der Rohstoffe die Möglichkeit, die Preise einseitig zu diktieren, wodurch den kleinen Bergleuten die Planungssicherheit und damit auch die Möglichkeit genommen wird, langfristige Strukturen zur Stärkung der eigenen Position aufzubauen. Exportierende Unternehmen kaufen Kupfer, Kobalt, Tantal und Gold aus den informellen Minen, egal ob es gestohlen oder selbst abgebaut wurde, und stützen somit das System. Der illegale Abbau schürt auch die Konflikte zwischen den Konzessionseignern, die ihr Land oft illegal erwerben und sich somit des Landraubs schuldig machen, und den Kleinbergleuten, denen damit die Überlebensgrundlage genommen wird.

Ein großes Problem stellt auch die fehlende Abgrenzung zwischen Wohn- und Bergbaugebieten dar, insbesondere in den Städten Kolwezi und Likasi, in denen sich die Minen quasi mitten in der Stadt befinden. Durch die Nähe sind die Kinder der Bewohner*innen nicht nur auf den Minen omnipräsent, sondern arbeiten auch gleich dort, statt zur Schule zu gehen, um das Familieneinkommen aufzubessern.

Wenig überraschend fehlt es auch an einem einheitlichen Entgeltsystems für die Bergleute. Manche müssen daher 50 Prozent von dem, was sie täglich schürfen, an die mächtigen Bergbaukooperativen abgeben, andere „nur" 20 Prozent – je nach Lust und Laune derer, die den Markt beherrschen. Wieder andere erhalten einen kleinen Lohn und müssen dafür alles abliefern, was sie abbauen. Die Chefs der Kooperativen, die die gewonnenen Rohstoffe zur Gänze oder teilweise in variabler Höhe einfordern, erbringen zudem in vielen Fällen keinerlei erkennbare Leistung, die die Abgaben rechtfertigen würden. Kompensationszahlungen für die Angehörigen der verstorbenen Bergleute oder soziale Leistungen gibt es nur in Einzelfällen, wenn sie durch die Bewohner*innen der Dörfer selbst organisiert werden. Das Bergbauministerium fordert auch keinerlei Befähigungs- oder Sicherheitsnachweise bei der Registrierung der Bergbau-Kooperativen.

Klare Lieferketten werden nicht eingehalten, geschweige denn dokumentiert, und auf nahezu allen Minen verkaufen einzelne Bergleute auch heimlich an variierende Ankäufer der Rohstoffe. Eine Preisverhandlung im Kollektiv der Kooperativen und Bergleute mit Zwischenhändlern und Depots findet zum großen Nachteil der Minenarbeiter nicht statt. Deswegen sind Beschwerden der Bergleute über unfaire und intransparente Preise allgegenwärtig. Die Händler, die die Rohstoffe aufkaufen, stammen nur zu einem kleinen Teil aus dem Kongo, wesentlich mehr kommen aus China.

Von **79 Minen im kongolesischen Kupfergürtel** waren 2019 **nur 17 Minen behördlich registriert** und davon wurden nur sieben Minen regelmäßig kontrolliert.

Im Kambove-Territorium wurden viele Minen durch das Militär oder Angehörige von Polizeieinheiten kontrolliert, auf etlichen waren sowohl der staatliche Geheimdienst als auch die Armee präsent.[87] Andere Behörden bekommen zu vielen dieser Minen ebenso keinen Zutritt wie zu den Minen im privaten Besitz.

Trotz der miserablen Förderungsbedingungen wurde im April und Mai 2019 eine geschätzte monatliche Produktion von circa 10.000 Tonnen Roh-Kupfer und 24.800 Tonnen Kobalt-Roherz verzeichnet. Unter Berücksichtigung der mittleren Metallgehalte käme man so rechnerisch auf eine Jahresproduktion der Minen im Kupfergürtel von rund 16.300 Tonnen reinem Kupfer und 12.500 Tonnen reinem Kobalt.[88] Aufgrund fehlender Aufzeichnungen, der vielen Diebstähle und Militärinterventionen können diese Zahlen allerdings nur grob geschätzt werden.

Die Siebung beziehungsweise Trennung von Metallen, Erzen und Gestein wird – wie alle anderen Arbeiten auch – händisch durchgeführt. Um die Steine mit den enthaltenen Metallen oder dem Erz zu brechen, werden sie einfach auf einer Plastikplane ausgebreitet und durch Schläge und Stiche mit Schaufeln bearbeitet, bis die Gesteinsbrocken immer kleiner werden. Beim Sieben stehen Männer, Buben und Frauen bis zur Hüfte im Wasser mit circa einen halben mal einen Meter großen Gittersieben in den Händen. Was übrig bleibt, wird dann einfach willkürlich irgendwo hingekippt. Der Rest, in dem sich natürlich trotzdem noch kleine Stücke wertvollen Metalls befinden, geht durch die planlose Entsorgung für eine Weiterverarbeitung verloren.

Es ist eine mühevolle Arbeit, die noch dazu miserabel entlohnt wird. In einer Befragung im Jahr 2019 haben Bergleute von 52 Minen Angaben zu ihrem Gehalt gemacht: Der Mittelwert entsprach 7,60 USD pro Tag. 40 Prozent der Befragten gaben an, weniger als den Mindestlohn von fünf USD pro Tag zu verdienen.[89]

Die Frauen, die rund um die Minen leben, arbeiten nicht direkt mit den Männern und Buben in den Stollen und Schächten unter der Erde, betreiben aber Handklaubung und sind an der Aufbereitung der Rohstoffe beteiligt. Sie sieben aus, übernehmen die Waschung von Erzen und den Verkauf. Auf rund einem Drittel der Minen arbeiten Kinder unter 15 Jahren direkt unter der Erde, andere verkaufen Wasser und Essen für die Bergarbeiter*innen.

Forscher*innen schätzen, dass rund **2.500 Kinder in den Minen** im Kupfergürtel arbeiten, **1.600 davon** sind sogar **unter Zehnjährige**. Die von UNICEF zitierten Zahlen aus dem Jahr 2009 gehen von **40.000 Kinderarbeiter*innen im Kongo** aus, eine andere Studie[90] schätzt die Zahl auf 4.700 Kinderarbeiter*innen im Bergbausektor.

## Schlecht für die Menschen, schlecht für die Umwelt

Die sozialen Missstände bei der Gewinnung der Rohstoffe für die Smartphones sind allerdings nicht die einzigen Auswüchse. Der Metall- und Erzabbau bringt auch fatale Folgen für die Umwelt mit sich. Unsere nächste Reise führt uns nach Indonesien zur Grasberg-Mine. Die Mine, die wie ein riesiger Krater ein 1,5 bis zwei Kilometer großes Loch in den Boden gerissen hat, befindet sich auf der indonesischen Westseite der Insel Neuguinea und enthält die größten Kupfer- und Goldlagerstätten der Welt.[91] Das Grasberg-Bergwerk befindet sich auf einer Höhe von 2.500 bis 4.200 Metern und grenzt an den Lorentz-Nationalpark. Die Erschließung des

Bergwerks erfolgte ab dem Jahr 1973 und war sehr aufwendig, die Auswirkungen und Folgen der Kupfer- und Goldgewinnung auf die Umwelt sind bezeichnend. Denn die Entsorgung der Bergbauabfälle erfolgte größtenteils in den umliegenden Flusssystemen und Bergen. Der Landverbrauch der Mine war deswegen immens. Ebenso groß waren und sind die sozialen Auswirkungen. Bewaffnete Konflikte, Gewalt, Vertreibung und Menschenrechtsverbrechen waren und sind mit den Bergbauaktivitäten genauso verbunden wie Korruptions- und Transparenzprobleme. Insgesamt wurden in dem Bergwerk bis heute Hunderte Millionen Tonnen Erz und Gold abgebaut.

Indonesien gehört zu den Ländern mit der größten Minenproduktion, insbesondere Nickel, Gold, Bauxit und Kupfer werden in großen Mengen abgebaut. Entsprechend bedeutsam ist diese Industrie für die Volkswirtschaft des Landes. Der Bergbau hat einen direkten Anteil von zwölf Prozent am Bruttoinlandsprodukt von Indonesien, das waren im Jahr 2010 bereits über 80 Milliarden Dollar. Der Betreiber der Grasberg-Mine, der US-amerikanische Rohstoffmulti Freeport-McMoRan, gilt als viertgrößter Produzent von Kupfer und auch von Buntmetall der Welt und generiert damit jährlich über 14 Milliarden Dollar Umsatz. Ein maßgeblicher Teil davon stammt aus dem gigantischen Bergwerk in Indonesien.

Mehr als 20.000 Menschen arbeiten in der Grasberg-Mine, über **150.000 Personen** haben sich seit 1973 in der Region neu angesiedelt, die **früher kaum 1.000 Einwohner\*innen** hatte.

Das führte auch zu einem enormen Baudruck im Bereich der Infrastruktur, vom Flug- und Seehafen über Zubringerstraßen, Spitäler, Unterkünfte, Straßenbahn, Schulen und allerlei Geschäften in zwei neu errichteten Städten. Zwischen 1998 und 2004 vergrößerte sich die Siedlungsfläche um die Grasberg-Mine von 44 auf über 204 Quadratkilometer. Wir haben es hier also nicht mehr nur mit einer Mine zu tun, sondern mit einem zentralen Wirtschaftsfaktor für die Region und Lebensmittelpunkt für viele Menschen.

Über 750 Millionen Kilo Kupfer werden jährlich hier abgebaut, der Tagebau besteht vor allem aus Bohren, Sprengen, Verladen und Transport. Primärbrecher- und Förderanlagen sind die wesentlichen Bestandteile des Bergbaukomplexes. Die Förderanlagen sind in der Lage, bis zu 150.000 Tonnen Erz pro Tag zu den Aufbereitungsanlagen beziehungsweise täglich bis zu 75.000 Tonnen Abraumgestein zu den Abraumhalden zu befördern. Zur Verdeutlichung dieser Dimensionen hat Lukas Rüttinger von der Umweltdenkfabrik adelphi im Jahr 2015 festgehalten, dass allein die Lkw-Flotte für den Tagbau der Mine rund 170 Schwer-Lkw mit Ladekapazitäten von 70 bis 330 Tonnen umfasst – die auch benötigt werden.

Die zentrale Umweltproblematik in Grasberg ist die Entsorgung der Unmengen an festen und insbesondere flüssigen Bergbauabfällen, die in die Flüsse gekippt werden und auf diesem Weg in die Deltas und Auen gelangen. Durch die vielen Niederschläge in dem Gebiet ist das zudem mit hohen Gesundheitsrisiken verbunden. Deswegen ist die Flussentsorgung in Indonesien – wie in den meisten Ländern der Welt – eigentlich verboten und wurde nur durch eine in den 1970er-Jahren gestattete Ausnahme der indonesischen Regierung möglich. Als damals die Abfallprodukte über die Flüsse entsorgt wurden, sah der Bergbau noch ganz anders aus und die Flussentsorgung stellte wegen der geringeren

Produktionsmengen noch kein nennenswertes Problem dar. Das änderte sich mit der gewaltigen Produktionssteigerung.

Um die anfallenden Mengen an flüssigem Abfall noch entsorgen zu können, mussten entlang des Flusses Ajkwa mehrere 40 Kilometer lange Deiche gebaut werden. Das dort abgelagerte Material wird nach dem Ende der Bergbautätigkeiten vermutlich eine Schichtstärke von zehn bis 15 Metern erreichen. Die Flüsse wurden durch den Abfall künstlich verkleinert und die eingespülten Sedimente trübten das Wasser der Flüsse ein und zerstörten dadurch das gesamte Ökosystem der Flüsse. Da kaum noch Sauerstoff in die Gewässer eindringen kann, sind nicht nur die Tiere und Pflanzen in den Flüssen selbst, sondern auch im gesamten Umland von rund 230 Quadratkilometern verschwunden.

Welche Auswirkungen es haben wird, wenn der eingelagerte Bodensatz aus Gesteinen, Metall und Chemieresten irgendwann auch ins Meer gespült wird, kann noch nicht abgeschätzt werden. Die Bergbauabfälle auf den gigantischen Abfallhalden neben der Mine enthalten zudem Schwefelverbindungen, die durch Wasser- und Sauerstoffkontakt giftige Schwefelsäure bilden. Diese trägt zur Versauerung des Gewässers bei und löst Kupfer, Arsen, Kadmium und Selen aus Gestein und Sedimenten und kontaminiert Oberflächen- und Grundwasser.[92] Doch jeden einzelnen Tag werden dort etwa weitere 360.000 bis 510.000 Tonnen Gestein deponiert. Im Mai 2000 wurde eine Halde mit sulfidhaltigen Mineralien instabil und führte zu säurehaltigen Sickerwässern.[93]

Natürlich hat das auch Auswirkungen auf die Gesundheit der lokalen Bevölkerung. Denn nicht nur ihr Trinkwasser ist verschmutzt, sondern auch alle anderen ihrer Nahrungsquellen, die mit dem Wasser in Berührung kommen. Die Krankheiten in der Region reichen von Mangelernährung bis hin zu Atembeschwerden sowie Haut- und Augeninfektionen. Viele Bergarbeiter leiden außerdem an Lungenkrankheiten aufgrund der hohen Staubbelastungen im Bergbau. Selbst HIV/AIDS hat sich durch die stark gestiegene Prostitution rasant in der Bergbaugegend ausgebreitet. Während 2003 nur rund 170 HIV-Infektionen bekannt waren, stieg die Zahl auf 3.471 im Jahr 2012.[94]

Und schließlich lauern noch die vielen Gefahren durch die Mine selbst. Immer wieder kommt es zu gefährlichen Erdrutschen und Unfällen. Das war zuletzt in den Jahren 2000, 2003 und 2006 der Fall, als bei Erdrutschen in den Grubenräumen und Abraumhalden mehrere Dutzend Bergarbeiter ums Leben kamen. Nach dem Unglück ergaben Untersuchungen der Regierung, dass die Betreiber aus Sorge vor einem möglichen Erdrutsch zwar Maschinen entfernen ließen, aber die Arbeiter nicht über die Gefahr informierten.[95] Wenig überraschend führte das zu großer Wut und Entrüstung unter den Beschäftigten, die für Hungerlöhne einer solchen Gefahr ausgesetzt wurden.

Im April 2007 organisierten einige Tausend Arbeiter*innen eine Kundgebung, um für höhere Löhne und bessere Arbeitsbedingungen zu demonstrieren, und im Oktober 2011 kam es zu einem drei Monate langen Massenstreik der Arbeitenden, der die Mine sogar mehrere Wochen lahmlegte. An diesem Streik nahmen über 8.000 Beschäftigte teil, unter ihnen auch Anführer der indigenen Bevölkerung, um ihrem Elend und der Wut über die ungerechten Löhne, dem Diebstahl ihrer Landrechte und der extremen Umweltverschmutzung Gehör zu verschaffen.[96] Die Situation eskalierte, als die Polizei auf die Streikenden schoss. Zwei Personen starben, viele wurden verletzt.[97] Seither kommt es immer wieder zu Angriffen und Menschenrechtsverletzungen wie Folter, Vergewaltigungen und ungeklärten Todesfällen von Protestierenden. Zwischen Juli 2009 und Februar 2012 kam es zu 32 gewalttätigen Ausschreitungen im Gebiet des Bergwerks und entlang der Hauptzugangsstraße, in denen von Militär und Polizei auch Schusswaffen eingesetzt wurden. 15 Menschen starben dabei und 56 Personen wurden verletzt. Die Opfer waren Angestellte der Mine, Sicherheitskräfte und Zivilist\*innen.[98]

Um das begehrte Kupfer für unsere schicken Smartphones zu gewinnen, werden also nicht nur systematisch Menschenrechte verletzt, insbesondere jene von Kindern, sondern es wird auch die Natur zerstört. Auch wenn multinationale Rohstoffkonzerne wie Freeport & Co trotz gezielter Vermeidung und der Ausnutzung aller Tricks zu den größten Steuerzahlern der Länder des Globalen Südens gehören, sind die durch sie verursachten Kosten unbezahlbar groß. Weder halten sie sich an die ohnehin wenig strengen oder durch Ausnahmen durchlöcherten nationalen Gesetze, geschweige denn an internationale Umweltstandards. Das Kupfer, das diese Unternehmen zur Weiterverarbeitung für die Komponenten der Smartphones liefern, basiert auf der Ausbeutung von Menschen und des Planeten. Auch wenn es nutzbringend in den technischen Geräten zum Einsatz kommt, vergrößert es in erster Linie den Profit der Anteilseigner – und das sind die europäischen und US-amerikanischen Fonds, Banken und Investmenthäuser. Auf dem Rücken der Menschen und der Natur. Nicht nur in Indonesien, sondern auch in China. Wo der Abbau von Seltenen Erden floriert.

## Seltene Erden

Bei Seltenen Erden handelt es sich eigentlich um Metalle, und so selten sind sie in Wahrheit gar nicht. Es gibt nur keine großen zusammenhängenden Lagerstätten, was ihren Abbau grundsätzlich von anderen Rohstoffen unterscheidet. Die Seltenen Erden sind extrem wichtig für die Smartphone-Erzeugung, aber ebenso für Elektroautos oder Laptops. Sie werden aus Erzen gewonnen und zu Metallen oder Oxiden weiterverarbeitet. Eine marktbeherrschende Position beim Abbau von Seltenen Erden nimmt China ein.

Weltweit wurden im Jahr 2020 rund **240.000 Tonnen** gefördert, etwa 60 Prozent davon stammen aus China. Die geschätzten **Reserven** belaufen sich auf rund **120 Millionen Tonnen**, ein Drittel davon liegt in **China**, jeweils etwas weniger als 20 Prozent in **Vietnam** und **Brasilien**.

Die extreme Dominanz von China am Markt der Seltenen Erden hat nicht nur mit seinen großen Vorkommen zu tun, sondern auch damit, dass sie diese am billigsten anbieten. Möglich machen das der billige Strom aus Kohlekraftwerken, niedrige Lohnkosten und faktisch inexistente Umweltauflagen. Es sind regelrecht tote Landschaften, die nach der Ausschöpfung einer Mine zurückbleiben.

Chinas größter Schatz für den Abbau der Seltenen Erden ist die Bayan-Obo-Mine. Die größte Seltene-Erden-Mine der Welt liegt im Norden des Landes, gut 100 Kilometer von der Grenze zur Mongolei entfernt. Die Mine sieht aus wie ein riesiger Krater, sie ist bis zu 1.000 Meter tief und 48 Kilometer lang. Bereits seit 90 Jahren ist sie in Betrieb, diente aber zuerst nur dem Abbau von Eisenerz.[99] Satellitenbilder zeigen, wie sich die Abbaufläche der Mine über die vergangenen 30 Jahre mehr als verdoppelt hat.[100]

Laut einer Marktstudie, die die EU 2017 veröffentlichte, sollen in Bayan-Obo jährlich 59.000 Tonnen der Technologierohstoffe abgebaut werden können. Das geht zulasten der Umgebung, die grau und weitestgehend tot ist und ein dystopisches Bild abgibt.

Die rund 6.000 Minenbeschäftigten, ihre Angehörigen und die bald drei Millionen Einwohner*innen der nahen Stadt Baotou leben in der „Hölle auf Erden". So hat es der BBC-Reporter Tim Maughan beschrieben, der mit dem Team der „Unknown Fields Division" für eine Reportage vor Ort war. Die Menschen wohnen am Rande eines gigantischen Sees, der mit einer giftigen Schlacke, dem Abfallprodukt des Tagebaus, gefüllt ist. Unzählige Fabrikgebäude stehen zudem in der Stadt, über der ständig ein Schwefelgeruch liegt. Die Luft ist mit Abgasen und Schwermetallen aus der Mine verschmutzt.[101] Es ist nicht so, dass die Anwohner*innen sich dagegen nicht wehren würden, immer wieder kommt es zu Protesten, die jedoch mit Polizeigewalt niedergeschlagen werden.

---

Die Erzeugung einer **Tonne Seltener Erden** verursacht **8,5 Kilogramm** Fluor und **13 Kilogramm Staub**. Durch die weitere Behandlung der Metalle mit Schwefelsäure entstehen **Tausende Kubikmeter an toxischen Abgasen**, die Staub, Flusssäure, Schwefelsäure und Schwefeldioxid enthalten sowie saure Abwässer verursachen.[102]

---

Allein in der Region rund um die gigantische chinesische Förderstätte Bayan-Obo entstehen Millionen Tonnen giftiges Abwasser, das größtenteils ohne irgendeine Aufbereitung oder Klärung entsorgt wird. Zusätzlich fallen Unmengen an festen Rückständen an, die in Absetzanlagen geleitet und abgelegt werden. In der Baotou-Region lagern an die 160 Millionen Tonnen Rückstände und 17,5 Millionen Kubikmeter Abwasser. Diese Abfälle enthalten auch radioaktives Material. Die Bevölkerung ist deswegen permanent einer geringfügigen und die Minenarbeiter bei der Arbeit zusätzlich sogar noch einer hohen radioaktiven Gammastrahlung ausgesetzt.[103]

Die Gewinnung mineralischer Rohstoffe in der Inneren Mongolei, insbesondere die Aufbereitung und Verhüttung von Erzen, verbraucht zudem gigantische Wassermengen. Das wiederum trägt zur Verwüstung der gesamten Region bei. Auch die Gewässer sind belastet, sowohl das Trinkwasser als auch das landwirtschaftlich genutzte Wasser. „Im Gelben Fluss in Baotou sind alle Fische tot. Sie haben den Abfall, die Chemikalien in den Fluss gekippt. Man kann die Fische nicht mehr essen, weil sie verseucht sind", schreibt die Analystin Cindy Hurst 2010 in ihrer viel zitierten Studie über Chinas Industrie für Seltenerdelemente.[104] Weitere Folgen der extremen Umweltverschmutzung sind saurer Regen, der ganze Landstriche zerstört, und über 4.000 Hektar Ackerland, die dadurch völlig unbrauchbar geworden sind.

Die kontinuierliche Verpestung der Umwelt wirkt sich gravierend auf die Gesundheit der Menschen in der Region aus. Die Sterblichkeitsrate durch Lungenkrebs ist stark erhöht, es kommt aber auch zu Atemwegserkrankungen, etwa durch die Ablagerung von Staubpartikeln. Rund die Hälfte der ansässigen Bevölkerung soll unter gesundheitlichen Problemen leiden, die direkt auf den Abbau der Seltenen Erden in der Großmine zurückzuführen sind.

Es ist auch hier die pure Alternativlosigkeit, die die Menschen in den Abbau dieser für sie so schädlichen Rohstoffe treibt, die Konzerne sind nicht nur die wichtigsten Arbeitgeber, sondern dominieren auch sonst das gesamte Leben in der Region.[105,106,107]

Ähnlich wie die arabischen Produzenten beim Erdöl genießt China eine Sonderstellung in der Förderung von Seltenen Erden. Durch skrupelloses Preisdumping hat China zuerst fast alle anderen Produzenten vom Markt verdrängt, um dann seine Exportpolitik anzupassen. Seit 1999 legt das chinesische Handelsministerium Exportquoten für Seltene Erden fest. Diese wurden seit 2006 kontinuierlich und ab 2010 drastisch gesenkt – die künstliche Verknappung führte zu enormen Preiserhöhungen. Seither wird gegen das faktische Monopol Chinas in der Welthandelsorganisation WTO vorgegangen. Schon seit 2009 legten Kanada, die USA, die EU-Kommission, Mexiko, Japan und die Türkei wiederholt Beschwerde ein, um Chinas Ausfuhrquoten und Exportzöllen für verschiedene Rohstoffe zu begegnen. Doch trotz mehrerer Urteile zugunsten der klagenden Länder hat sich die Situation nicht wesentlich verändert.

## In der Hölle von Foxconn

All jene, die gehofft hatten, dass es nach der Gewinnung der Rohstoffe für das iPhone nun besser wird, müssen wir enttäuschen. Denn auch bei der Produktion und der Montage des so beliebten Geräts herrschen kaum bessere Bedingungen. Apple wird auch in diesem Bereich seinen werbenden Worten nicht gerecht. Deswegen wenden wir uns als Nächstes dem Foxconn-Konzern in China zu, von dem ein großer Teil des iPhones gefertigt wird.

Die Muttergesellschaft von Foxconn, die Hon Hai Precision Industry Company, wurde 1974 in Taiwan gegründet. Der Markenname Foxconn spielt dabei auf den Anspruch des Unternehmens an, Steckverbinder in fuchsähnlicher Geschwindigkeit zu produzieren. Innerhalb von nur vier Jahrzehnten entwickelte sich Foxconn von einer kleinen Verarbeitungsfabrik zum Weltmarktführer in der High-End-Elektronik mit rund 45 Fabriken in China und weiteren auf der ganzen Welt.

**Foxconn** verfügt über mehr als 200 Tochtergesellschaften und Niederlassungen in Asien, Nord- und Südamerika und Europa. Mit einem **Umsatz** von über **172 Milliarden Dollar pro Jahr** ist der Konzern inzwischen der zweitgrößte Hersteller von elektrischen Geräten weltweit, direkt nach Samsung.[108]

Dieses gewaltige Wachstum hat Foxconn nicht nur durch eine Kombination von klugen Geschäftspraktiken, Fusionen, Übernahmen und dem Erwerb von Patenten erreicht, sondern auch durch die geschickte Pflege der Beziehungen mit der chinesischen Regierung.

Mit rund 900.000 Beschäftigten ist der Konzern inzwischen sogar der größte industrielle Arbeitgeber der Welt.[109] Obwohl in letzter Zeit berichtet wurde, dass das Unternehmen einen leichten Abschwung erlebt, der zum Teil auf den eskalierenden Handelskrieg zwischen den USA und China zurückzuführen ist, floriert das Geschäft nach wie vor. Hauptverantwortlich dafür ist der mit Abstand größte Kunde von Foxconn: Apple. Foxconn montiert iPhones, iPads, iPods, Macs und unzählige andere digitale Geräte. Apple und Foxconn sind untrennbar miteinander verbunden – bei Produktentwicklung, technischer Forschung, Fertigungsprozessen, Logistik, Vertrieb und Kundendienst. Schließlich beschäftigt Apple selbst schon seit Ende der 1990er-Jahre kaum mehr Personal in der Fertigung.

Der Erfolg von Apple beruht also zu einem hohen Grad auf den Beiträgen seiner internationalen Zulieferer und ihrer Belegschaft, allen voran Foxconn und seinen chinesischen Arbeiterinnen und Arbeitern. Und das ist auch der Haken an der Sache: Apple möchte seine Marke und sein Saubermann-Image hegen und pflegen, predigt auf seiner Homepage unternehmerische Verantwortung und verpasst sich einen nachhaltigen Anstrich. Doch Foxconn ist spätestens seit der Suizid-Serie[110] unter seinen Arbeiter*innen im Jahr 2010 als schlechter Arbeitgeber berüchtigt.

Bei den Beschäftigten, die für Foxconns und Apples großen Erfolg verantwortlich sind, handelt es sich vorwiegend um ländliche Wanderarbeiter*innen. Außerdem ist es in China gängige Praxis, in Montagefabriken studentische „Praktikant*innen", von denen viele erst 16 Jahre alt sind, als billige und flexible Arbeitskräfte in Zeiten hoher Auslastung zu beschäftigen. Es werden mit Schulen, Universitäten und Hochschulen Verträge abgeschlossen, und Lehrpersonen werden dafür bezahlt, die Schülerinnen und Schüler in die Fabriken zu begleiten. Manchmal werden die Lehrkräfte sogar gebeten, vermeintlich

„unkooperative" Schüler*innen dazu zu bewegen, Überstunden zu akzeptieren.[111] Obwohl diese Praxis an sich nicht illegal ist, sieht das chinesische Arbeitsrecht Beschränkungen für Überstunden und Schichtmodelle für studentische Arbeitskräfte vor. Trotzdem legen wiederholte Berichte von NGOs und Medien nahe, dass das Gesetz routinemäßig ignoriert wird. Niedrige Löhne, überlange Arbeitszeiten, erzwungene Überstunden und unzureichende Pausen, selbst Verletzungen der ohnehin stark begrenzten Arbeitsgesetze sind für alle Arbeitenden an der Tagesordnung, egal ob jung oder alt.

Wie enorm der Druck sein muss, der auf die Belegschaft ausgeübt wird, zeigt sich darin, dass sich allein im Jahr 2010 insgesamt 18 junge Beschäftigte im Alter von 17 bis 24 Jahren bei Foxconn das Leben nehmen wollten. 14 Personen verstarben, vier erlitten schwere Verletzungen, überlebten aber. Selbst dadurch kam es in den Werken zu keinen wesentlichen Verbesserungen. Im September 2019 mussten Apple und Foxconn erneut zugeben, bei der Produktion des iPhone 11 im Werk Zhengzhou gegen chinesische Arbeitsgesetze verstoßen zu haben. Damals wurde festgestellt, dass 50 Prozent der Belegschaft aus Leiharbeitenden und Praktikant*innen bestand, obwohl das chinesische Gesetz den Anteil der Leiharbeitenden auf zehn Prozent der Belegschaft begrenzt.[112]

Um sich die konkrete Lage der Arbeitenden besser vorstellen zu können, wollen wir an dieser Stelle die bahnbrechende Studie von Jenny Chan, Mark Selden und Pun Ngai heranziehen. Sie haben mit Überlebenden der Selbstmordversuche gesprochen und ihren Arbeitsalltag bei Foxconn für ihr großartiges Buch „Dying for an iPhone – Apple, Foxconn, and the Lives of China's Workers" nachgezeichnet. Wir haben wichtige Passagen daraus übersetzt und führen hier einige davon an, weil die eigenen Worte der Betroffenen aus unserer Sicht eine ganz besondere Kraft haben.

Die Geschichte der Überlebenden Tian Yu, die aus dem vierten Stock eines Foxconn-Fabrikschlafsaals sprang und wie durch ein Wunder überlebte, wollen wir hier exemplarisch für das Schicksal vieler wiedergeben. Ihre Geschichte unterscheidet sich kaum von der ihrer ehemaligen Kolleg*innen, sie ist die einer klassischen Foxconn-Arbeiterin. Yu schildert ihren Arbeitsalltag bei Foxconn folgendermaßen: „Ich wachte um 6:30 Uhr auf, nahm um 7:20 Uhr an einer Morgenbesprechung teil, begann um 7:40 Uhr mit der Arbeit, ging um 11:00 Uhr zum Mittagessen und ließ dann normalerweise das Abendessen ausfallen, um bis 19:40 Uhr Überstunden zu machen." Zusätzlich zur „normalen Zwölf-Stunden-Schicht" in Stoßzeiten nahm Yu – wie alle anderen Beschäftigten auch – täglich an verpflichtenden unbezahlten Arbeitsbesprechungen teil. „Ich meldete mich beim Linienführer zwanzig Minuten vor Beginn der Arbeit zum Appell. Er ermahnte uns, die hohe Produktivität beizubehalten, die täglichen Produktionsziele zu erreichen und Disziplin zu wahren", erzählt sie. Führungskräfte bei Foxconn verbieten laut diversen Medienberichten bis heute Gespräche unter den Beschäftigten während der Arbeitszeit in der Werkstatt. Die Fließbänder laufen im 24-Stunden-Betrieb, die stark beleuchtete Fabrikhallen sind die ganze Nacht hindurch von weitem sichtbar. Yu hatte das Gefühl, dass es keine Möglichkeit gab, Überstunden abzulehnen.

Neue Arbeiter*innen seien oft dafür getadelt worden, dass sie zu langsam arbeiten, egal wie sehr sie sich bemühten, mit dem „Standard-Arbeitstempo" mitzuhalten. Auch Yu sei wiederholt vom Linienleiter für Fehler getadelt worden, die sie nicht gemacht hatte. Dazu kam die beengte Unterkunft – Foxconn bringt seine Beschäftigten in unmittelbarer der Nähe der Fabrik unter, um eine schnelle Produktion rund um die Uhr zu ermöglichen. Yu wohnte daher wie alle Wanderarbeiter*innen in einem Heim mit Schlafsälen, in denen für jede Person als Rückzugsort lediglich eine Etage in einem Stockbett hinter einem selbstgemachten Vorhang zur Verfügung stand. Mit ihr schliefen acht weitere junge Mädchen im Raum, mit denen sie sich kaum verständigen konnte, weil alle unterschiedliche Dialekte sprachen.

Als es nach einem Monat Arbeit Zeit für die Lohnauszahlung war, erhielt Yu keine Lohnkarte. Die Personalabteilung von Foxconn Guanlan, wo sie rekrutiert wurde, hatte ihre Personalakte aufbewahrt und es versäumt, die Unterlagen an ihre tatsächliche Arbeitsstätte in einem Stadtbezirk von Shenzhen zu übermitteln. „Ich hatte keine andere Wahl, als auf eigene Faust mit dem Bus zu Foxconn Guanlan zu fahren", erzählt Yu. Doch auch das brachte keinen Erfolg, sie konnte nicht herausfinden, was mit ihrer Lohnkarte passiert war oder wie man das Problem lösen konnte.

Yu war für einen Monat Arbeit nicht bezahlt worden. Das Unternehmen schuldete ihre demnach etwa 1.400 Yuan bestehend aus einem Grundlohn von 900 Yuan plus Überstundenzuschlägen. Der Mindestlohn in Shenzhen beträgt monatlich 2.225 Yuan, das sind umgerechnet 284 Euro.[113] Yu hatte bereits über einen Monat in Shenzhen gelebt und das gesamte Geld ausgegeben, das ihre Eltern ihr mitgegeben hatten. Für sie war damit eine Grenze erreicht: „Ich war so verzweifelt, dass mein Verstand leer wurde."

Am nächsten Tag sprang Yu in den frühen Morgenstunden aus dem Fenster in ihrem Wohnheim. Nach zwölf Tagen im Koma wachte sie mit schweren Hüft- und Wirbelsäulenverletzungen auf und war von der Hüfte abwärts gelähmt. Sie musste mehr als sechs Monate im Krankenhaus bleiben. Schließlich zahlte Foxconn eine einmalige „humanitäre Zahlung", um „der Familie Tian zu helfen, nach Hause zu gehen". Es war ein Versuch, die Verantwortung für den Selbstmord der Mitarbeiterin abzugeben und das Problem aus dem Fokus der chinesischen und internationalen Presse zu entfernen. In den Worten von Yus Vater: „Es war, als ob sie eine Sache kaufen und verkaufen würden."[114]

## Kein Empfang

Am Beispiel des iPhones von Apple lässt sich veranschaulichen, wie weit die Welt der Menschen, die das Gerät bauen, von der Welt jener entfernt ist, die die Geräte verkaufen, und schließlich jener, die sie nutzen. Und zwar auf mindestens drei Ebenen: Menschenrechte, Umweltstandards und Steuern. Es ist wichtig, dass wir uns diese Fakten noch einmal vergegenwärtigen, denn sie stehen geradezu prototypisch für die Unverfrorenheit, mit der multinationale Konzerne sich an der Welt bereichern – obwohl es dafür nicht einmal eine wirtschaftliche Notwendigkeit gibt.

Häufig sind es Kinder, die in Südamerika, Afrika oder Asien Rohstoffe abbauen, die für die Herstellung der einzelnen Komponenten des iPhones notwendig sind. Aber auch ein erheblicher Anteil der Arbeitsleistung der Erwachsenen, die für den Erzeugungsprozess notwendig ist, geschieht entweder gänzlich illegal oder unter Bedingungen, die weder mit den internationalen Standards bei Arbeitsschutz und Arbeitsrechten noch mit den Menschenrechten kompatibel sind. Auch wenn die

Konzerne in scheinheiligen Appellen dazu aufrufen, sich zu schützen, so wissen sie doch ganz genau, dass den Menschen gar nichts anderes übrigbleibt, als sich selbst zu gefährden, um ihren Familien das Überleben zu sichern. Das Grundprinzip ist stets weitestgehend unbeschränkte Ausbeutung und Alternativlosigkeit, die Menschen diese Arbeitsbedingungen ertragen lassen.

Geschädigte sind aber nicht nur jene Menschen, die direkt in den Unternehmen der Lieferanten beschäftigt sind, sondern auch alle, die in den Gebieten wohnen, in denen die Metalle gewonnen werden, die für die Herstellung nötig sind. Die Luft, das Wasser, die Böden, all das wird auf Jahrzehnte verseucht und der Nutzung durch die Landwirtschaft entzogen. Regelrechte Mondlandschaften entstehen und verwandeln einst fruchtbare Landstriche in kontaminierte Zonen. Natürlich ginge es auch anders, natürlich könnten Abwässer auch aufgefangen und aufbereitet werden, könnten Lagerstätten abgesichert und nicht in unmittelbarer Nähe von Wohngebieten angelegt werden. Es scheitert nicht an der technischen Möglichkeit, sondern am Unwillen der Verantwortlichen – weil diese Form der Produktion schlicht gewinnbringender ist, als die ökologische Dimension und damit auch die gesundheitlichen Folgen der Menschen vor Ort einzukalkulieren.

Auf der anderen Seite sehen wir die puristischen Verkaufswelten von Apple in den Großstädten, die mit ihren stets blitzblank geputzten weißen Flächen dazu einladen, sich das neueste Gerät zu besorgen. Wir erleben perfekt geschulte Beschäftigte, die den Besuch in einem Apple-Store zu einem Erlebnis machen sollen, auf dass man gänzlich eintaucht in die faszinierende Wunderwelt des Konzerns. Und wenn es einmal doch nicht gelingt, dann bewertet man den Kundenkontakt einfach im Anschluss negativ und kann damit dafür sorgen, dass die betreffende Person im schlimmsten Fall ihren Job verliert. So einfach ist das. Vom Anfang bis zum Ende ist der Profiteur der Konzern, ein juristisches Konstrukt, das die Vermeidung von Verantwortung perfektioniert hat. Auch wenn es um Steuern geht.

Denn der gewaltige Gewinn, den Apple in diesem Gesamtkonstrukt macht, wird vielfach überhaupt nicht versteuert. Eine Berechnung der Europäischen Kommission[115] kam bereits vor Jahren zum Ergebnis, dass Apple systematisch Steuern vermeidet.

## Weniger als fünf Milliarden Euro
zahlte der Konzern in den zehn Jahren zwischen **2003 und 2014** an **Steuern** in Ländern außerhalb der USA. Im gleichen Zeitraum erwirtschaftete das Unternehmen global betrachtet schätzungsweise **über 500 Milliarden Euro Reingewinn**. Für eine Million Euro Gewinn, so die EU-Kommission, zahlte Apple in Irland, dem europäischen Hauptsitz des Unternehmens, **lediglich 50 Euro Steuern** – eine Quote von 0,005 Prozent.

Entkoppelt ist ein Wort, das uns oftmals in den Sinn gekommen ist, als wir uns mit der Arbeitsweise von Apple und ihren Auswirkungen näher beschäftigt haben. Der Konzern scheint ohne Verbindung zu den Lebens- und Arbeitsrealitäten seiner eigenen Beschäftigten zu agieren. Damit meinen wir nicht nur die bald 150.000 Menschen in den schicken Büros oder Verkaufsshops des Mutterunternehmens, sondern die vielen Millionen in den schäbigen Hütten, die vielen Menschen, die ihre Produkte oder Teilkomponenten erzeugen oder auch in aller Welt verteilen. Der Konzern scheint regelrecht unerreichbar für das Elend derer zu sein, die unter den Praktiken leiden, die von ihm und seinen Zulieferern angewendet werden, um den eigenen Profit zu steigern. Und zwar ausschließlich aus diesem Grund. Es ist wichtig, dass wir uns das immer wieder einprägen: Arbeitsausbeutung, Naturzerstörung und Steuervermeidung sind nicht unabänderliche Notwendigkeiten unserer modernen Welt, sondern stellen lediglich die Basis für die obszönen Gewinne der Konzerne dar.

Man könnte das iPhone auch auf eine Weise herstellen lassen, dass keine Kinder in den Minen schuften, dass keine Beschäftigten durch die Arbeitsbedingungen in den Selbstmord getrieben werden und auch ohne dass unser Planet unwiederbringlich zerstört wird. Man müsste als Unternehmen lediglich die Verantwortung für die Vorgänge entlang der eigenen Lieferkette übernehmen. Nicht durch Bekenntnisse in Geschäftsberichten, sondern durch strenge Sanktionierung von Verstößen, durch die lückenlose Kontrolle der Abläufe und durch ein rigoroses Zulieferverbot für jene, die nicht nachweisen können, dass ihre Produkte aus einwandfreier Quelle stammen.

Man könnte dadurch die wunderbare Technik, die so viel Gutes ermöglicht, die so oft eine nützliche Brücke zwischen Menschen darstellt, auch auf andere Art und Weise herstellen. Aber dann würde der Gewinn wohl nicht mehr 55 Milliarden Euro pro Jahr, sondern vielleicht nur noch fünf Milliarden betragen. Dann würden der Apple-Chef, der seit seinem Amtsantritt im Jahr 2011 sagenhafte 963,5 Millionen Dollar und allein 2018 über 125 Millionen Dollar an Vergütung in Form von Bargeld und Aktien erhalten hat, vielleicht nur noch im zweistelligen Millionenbereich entlohnt. Und was wäre daran schlechter?

# SCHMUTZIGE FUSSSPUREN

Seit den 1990er-Jahren ist es modern geworden, oder zumindest in manchen Bevölkerungsgruppen recht beliebt, seinen ökologischen Fußabdruck individuell zu berechnen. Lebensmittel, Kleidung und Ressourcenverbrauch werden dabei gemessen und in ein Verhältnis gebracht – zu anderen Mitmenschen, aber auch zur Belastbarkeitsgrenze des Planeten. Die verwendete Maßeinheit dafür ist der globale Hektar, also die fiktive Fläche, die an sogenannter „Biokapazität" genutzt wird.

In Deutschland und Österreich werden durchschnittlich über fünf Gigahektar pro Kopf beansprucht. Es bräuchte also drei Planeten wie unsere Erde, um diesen Ressourcenverbrauch zu decken. Der Lebensstil der USA verschlingt gar kalkulatorische fünf Planeten. Was das aussagt? Wir leben über unsere Verhältnisse, wir beanspruchen Mutter Erde stärker, als sie es erträgt.

Der ökologische Fußabdruck ist das Markenzeichen eines erwachenden gesellschaftlichen Bewusstseins über Zusammenhänge und Auswirkungen unseres Konsumverhaltens geworden, aber auch der Folgen verfehlter Umwelt- und Klimapolitik. Er ist eine Richtgröße, an der man sich persönlich orientieren kann, um einzuschätzen, wie stark man den Boden beansprucht, auf dem man wandelt, ein Orientierungsrahmen für das eigene Handeln.

Es entbehrt daher auch nicht einer gewissen Logik, dass wir als Prototypen der desaströsen Fast Fashion, als Hilfsgröße zur Sichtbarmachung dessen, was mit der Erzeugung und Verbreitung unserer Kleidung verbunden ist, ebenfalls einen Fußabdruck ausgewählt haben. Den Abdruck, den unser Fuß in und mit einem Sportschuh hinterlässt. 20, 50, 100 Euro teure Produkte, menschgemachte Kombinationen von Plastik, Leder, Stoff, Gummi und Farbe.

Der Sportschuh ist für uns das perfekte Beispiel dafür, mit welchen Folgen auf Menschen und Umwelt der schnelle Schritt einhergeht, wie weit wir aber auch davon entfernt sind, das zu realisieren. Der Sneaker war einst der Inbegriff einer selbstoptimierungsorientierten Leistungsgesellschaft, wandelte sich aber dann zunehmend zum Statement einer neuen globalen Kosumelite, ähnlich vielleicht dem Kapuzenpullover.

Der Sportschuh als Zeichen dafür, dass man dynamisch und unabhängig ist, frei von der Konvention, bar der Anpassung. Selbst hochrangige Politiker*innen und natürlich die Eigentümer*innen und Manager*innen aus den „innovativen" Branchen tragen Sneakers, um zu demonstrieren, dass sie leichtfüßig unterwegs sind. Was für eine ideale Projektionsfläche. Was für ein guter Ansatzpunkt aber auch, wenn man sich die Bekleidungsindustrie näher ansehen möchte, die nicht nur maßgeblich für die Verschmutzung unserer Welt verantwortlich ist, sondern die auch größtenteils auf der Ausbeutung von Menschen und dem Raubbau an der Natur basiert. Die großen Sportschuh-Marken, die viel Geld in das Storytelling von Leistung und Leidenschaft investieren, die zur Schau gestellte Diversität schon früh als integralen Bestandteil ihrer Werbung verstanden, gehören auch zu den größten Ausbeutern und Zerstörern unserer Zeit.

Sportler*innen, Künstler*innen, ja sogar Umweltexpert*innen und Aktivist*innen aus aller Welt, sie alle sind die Träger*innen der großen Erzählung der Sportschuh-Konzerne von der neuen Nachhaltigkeit, mit der sie die Welt retten wollen. Millionen von ihnen gepflanzte Bäume irgendwo im Globalen Süden sollen zeigen, dass sie alles machen, um den ökologischen Fußabdruck zu reduzieren – und mit jedem verkauften Paar Sportschuhe wird der Planet noch ein Stück besser, ökologischer, lebenswerter. Zu schön, um wahr zu sein? Natürlich. Das Einzige, was sich beim Griff zu den neuen „nachhaltigen" Sportschuhen der Multis verbessert, ist deren Bilanzgewinn am Jahresende. Die schmutzigen Fußspuren aber werden größer und graben sich immer tiefer in die Erde ein.

Als trendiges Beispiel dafür haben wir uns den „Reebok Royal Techque T"-Tennis-Sportschuh ausgesucht, der sich gerade wieder höchster Beliebtheit erfreut. „Das zeitlose, sportliche Leder-Design passt zu Shorts genauso wie zu einer Stoffhose und Jacke. Eine hochgezogene Gummisohle verleiht diesem Schuh neben seinem Court-Vibe auch zusätzlichen Grip", schreibt Reebok dazu auf seiner Website. In den „Details" zu dem Schuh geht es weiter mit blumigen Ausführungen zu Design und Vorzügen der Verarbeitung. Aber das war es dann auch schon, mehr will uns Reebok über den Schuh nicht verraten.[116]

Adidas, der Mutterkonzern von Reebok, schreibt, dass das Unternehmen „seit vielen Jahren regelmäßig über die Leistungen im Bereich Nachhaltigkeit anhand der Fortschritte, die das Unternehmen bei den jeweiligen Zielen erreicht hat", berichte.[117] Vor kurzem hat Adidas einen veganen Sportschuh auf den Markt gebracht hat und es wirbt mit dem Slogan „Gemeinsam sehen wir die Möglichkeiten, der Null schneller näherzukommen".[118] In anderen Worten: (Nur) mit Sportschuhen von Adidas kann der ökologische Fußabdruck in Richtung null reduziert werden.

Angesichts solcher großspurigen Ankündigungen fallen die Angaben zu unserem Sportschuh zwar äußerst dürftig aus, aber bei dem, was uns der Konzern verspricht, sollte es doch eigentlich ein Leichtes sein, mehr darüber herausfinden zu können. Also haben wir die Website von Adidas nach

Informationen durchforstet, woraus ihre Schuhe denn nun genau bestehen, wo, wie und vom wem sie also produziert werden. Dabei sind wir auf Angaben zu einzelnen Bestandteilen der Schuhe gestoßen, wie zum Beispiel die, dass die Fersenkappe „mehr als 50% receyceltes Material aus benutzten Lebensmittelverpackungen"[119] enthält – mehr aber auch nicht.

Danach haben wir uns durch die Geschäftsberichte von 2019 und 2020 gearbeitet. Womit wir der Sache näher kamen: „Um unsere Produktionskosten wettbewerbsfähig zu halten, werden fast 100 Prozent unserer Produkte von unabhängigen Herstellern gefertigt. Im Jahr 2020 haben wir mit 132 unabhängigen Herstellern mit insgesamt 277 Produktionsstätten zusammengearbeitet. Der Großteil (68 Prozent) unserer unabhängigen Hersteller sitzt in Asien", lasen wir dort. Und weiter: „Im Jahr 2020 wurden insgesamt 97 Prozent unserer Schuhe in Asien produziert. Das wichtigste Beschaffungsland war Vietnam mit einem Anteil von 42 Prozent am Gesamtvolumen, gefolgt von Indonesien mit 29 Prozent und China mit 15 Prozent. Im Jahr 2020 haben unsere unabhängigen Hersteller rund 379 Millionen Paar Schuhe produziert (2018: 409 Millionen Paar)."[120] Aber immerhin sind wir dann doch noch über einen weniger prominent platzierten Link auf eine Liste mit allen Adidas-Zulieferern gestoßen. Und das hat uns ermöglicht, ein wenig tiefer in den Lieferketten von Adidas zu graben.

Fast 20 Milliarden Euro Jahresumsatz kann der 1949 in Bayern gegründete Sportartikelhersteller mit Sitz in Herzogenaurach bei Nürnberg mittlerweile verzeichnen, er ist damit die Nummer zwei hinter Nike. Der in rund 2.500 Shops weltweit, über andere Händler und online generierte Jahresgewinn liegt im Schnitt der letzten zehn Jahre bei über eine Milliarde Euro.[121] Ein deutsches Unternehmen ist Adidas schon lange nicht mehr, nur elf Prozent der Anteilseigner stammen aus Deutschland, rund ein Drittel aus den USA und Kanada, ein Viertel aus Großbritannien und Irland und ein weiteres Viertel aus der Europäischen Union. Über 60.000 Beschäftigte arbeiten weltweit für Adidas, die Zulieferer – von denen rund 70 Prozent in Asien sitzen – nicht eingerechnet. Seit der Übernahme von Reebok im Jahr 2005 wächst der Mitarbeiterstand.

## Wegwerfware Schuhe

Erinnern Sie sich noch an die Anzahl an Schuhen, die Sie im Laufe Ihres Erwachsenenlebens bereits besessen haben? Nein? Kein Wunder. Es werden – glaubt man zumindest dem Durchschnitt – recht viele gewesen sein. Jedes Jahr werden weltweit zig Milliarden Schuhe produziert, allein in Europa kauft eine Person durchschnittlich sechs Paar Schuhe pro Jahr. Obwohl sehr aufwendig produziert, sind Schuhe zu einer regelrechten Wegwerfware geworden. Dass für die Herstellung von Leder unglaubliche Mengen an Schadstoffen anfallen, ist den wenigsten Menschen bewusst. Generell geht ein Großteil des Rohstoffs schon im Laufe des Produktionsprozesses verloren und selbst später, wenn wir es gar nicht bewusst bemerken, verlieren unsere Schuhe, T-Shirts und Kleider laufend etwas – nämlich Mikroplastik. In der Textilindustrie wird Plastik meist in Form von Polyester verarbeitet, oder auch als Gummi, wenn wir etwa an die Sohlen unserer schneeweißen Sportschuhe denken.

Weltweit werden jährlich fünf Kilogramm Kleidung pro Kopf verbraucht, in Deutschland sind es sogar 16 Kilogramm. In den vergangenen Jahren hat sich die Tragedauer halbiert, aber die Produktion von Kleidung verdoppelt.[122]

Dafür braucht es auch immer mehr Plastik. Seit dem Jahr 2000 wurde weltweit so viel Plastik neu produziert wie in allen Jahren zuvor – ein Drittel davon landet in der Umwelt.[123] Und wir bemerken den Löwenanteil des Plastiks nicht einmal, obwohl es einfach überall ist. Im Wasser, im Boden, in der Luft und sogar in uns selbst.

Die **Produktion neuer Kunststoffe** ist seit 1950 um das 200-Fache gestiegen, sie liegt mittlerweile bei unglaublichen **368 Milliarden Kilogramm pro Jahr**.[124] Ein Drittel davon wird nun in China erzeugt, rund 20 Prozent in den USA, Kanada und Mexiko, aber auch Europa ist mit 16 Prozent recht weit vorne dabei.

Seit dem Jahr 2000 liegt die jährliche Wachstumsrate der Kunststoffbranche bei vier Prozent, größter Treiber dabei ist die Verpackungsindustrie – fast 40 Prozent des Kunststoffes werden in Deutschland dafür verwendet. Daneben ist der Bau mit rund 20 Prozent ein bedeutsamer Sektor des Plastikverbrauchs.

Leider ist gerade bei Plastik der Recycling-Anteil extrem niedrig, er befindet sich derzeit bei rund 17 Prozent in Deutschland – zum Vergleich: Bei Glas sind es ganze 75 Prozent.[125] Fachleute prognostizieren: Wenn die vorhergesagten Herstellungskapazitäten erreicht werden, könnte die Plastikproduktion bis 2030 noch einmal um 40 Prozent steigen.[126]

Das Resultat des Plastikbooms sind rund 100 Millionen Tonnen Plastikmüll pro Jahr. Insbesondere in China, Indonesien, auf den Philippinen und in Vietnam sowie in einigen

Ländern Afrikas wird der Plastikmüll unsachgemäß entsorgt – also oft auch einfach ins Meer gekippt. Auch Deutschland nimmt hier eine unrühmliche Rolle ein, immerhin werden bis zu einer Milliarde Kilogramm Kunststoffabfälle jährlich ins Ausland exportiert.[127] Das Problem wird also ausgelagert, genau dorthin, wo dann die große Verschmutzung der Umwelt zulasten der Menschen, der Natur und der Tiere stattfindet – nach Afrika und Asien.

Mehr als 75 Prozent des gesamten jemals produzierten Plastiks endet als Müll.[128] Wie sehr darunter Tiere und die Umwelt leiden, ist uns inzwischen allen bekannt. Dass Mikroplastikverschmutzung jedoch auch die Eigenschaften der Böden verändert, was sich auf die Pflanzengesundheit auswirkt, und Mikroplastik selbst die Luft verunreinigt, die wir atmen, ist hingegen nicht so weit verbreitet. Dabei nimmt ein Mensch pro Woche durchschnittlich bis zu fünf Gramm Plastik in sich auf. Das entspricht in etwa dem Gewicht einer Kreditkarte.[129] Studien haben Mikroplastik bereits in Schalentieren, Bier, Salz und insbesondere im Trinkwasser nachgewiesen, im Wasser verbirgt sich sogar am meisten davon.[130] Was das mit unserer Gesundheit anstellt, ist noch nicht hinreichend erforscht – gesund ist es für uns jedenfalls nicht.

Das Endprodukt Plastik ist aber nicht die einzige Quelle massiver Umweltzerstörung, schon bei der Gewinnung des Rohstoffes zur Plastikherstellung, Rohöl also, wird der Planet extrem belastet. Rund 4,5 Milliarden Tonnen Rohöl werden jährlich aus den Böden geholt, das sind etwa dreimal so viel wie noch vor 50 Jahren.[131] Egal ob in der Tiefsee, in der Arktis oder in Nationalparks, gleich ob in Naturschutz- oder Kriegsgebieten, das flüssige Gold fließt in Strömen. Aber leider nicht nur in die dafür vorgesehenen Auffangbehältnisse, sondern auch in die Natur – etwa 100.000 Tonnen Öl, so schätzte man bereits vor 20 Jahren, gelangen beim Routinebetrieb der Ölförderung in die Weltmeere.[132]

Am Anfang des Sportschuhs steht also das Rohöl und es ist das perfekte Schmiermittel für die globale Bekleidungsindustrie. Bis zum Jahr 2025, so die Annahmen, werden mit Kleidung jährlich bis zu 5.000 Milliarden Dollar umgesetzt.[133] Ein gigantisches Geschäft für die rund 20 multinationalen Konzerne, die global den Textil- und Schuhmarkt dominieren. Äußerst erfolgreich sind dabei vor allem auch europäische Konzerne, etwa H&M aus Schweden, Inditex aus Spanien und LVMH aus Frankreich sowie Adidas aus Deutschland. Wenn wir über das schmutzige Geschäft mit Textilien sprechen, dann reden wir unweigerlich über europäische Konzerne, die damit große Profite einfahren, indem sie die wahren Kosten für ihre Produktion – gleich ob beim Abbau von Öl, der Erzeugung von Plastik oder der Entsorgung des Mülls – in den Globalen Süden auslagern.

Neben dem Plastik, das in unserem Reebok-Sneaker zu finden ist, ist in dem Sportschuh auch Leder verarbeitet. Entgegen der landläufigen Meinung handelt es sich dabei allerdings leider nicht um ein „ursprüngliches" Material, zumindest nicht in der Form, wie es beim Adidas-Konzern im großen Stil eingesetzt wird.

## Das Gift im Leder

Etwa ein Fünftel der weltweit gefertigten Schuhe sind Lederschuhe, viele mehr haben zumindest einen Lederanteil. Auch die Außenhaut des Reebok-„Royal Techque T" besteht aus

Rindsleder, einem „Naturprodukt" möchte man meinen. Leder wird zwar tatsächlich aus Tierhaut hergestellt, das ist aber auch schon das einzig Natürliche daran. Denn um schnell Leder zu produzieren und es so haltbar zu machen, dass es den aktuellen Bedürfnissen der Schuh- und Textilkonzerne entspricht, braucht es einen hohen Einsatz von giftigen Chemikalien und Wasser. Sehr, sehr viel Wasser sogar.

Für die Verarbeitung von **einem Kilogramm Tierhaut** sind etwa **40 bis 45 Liter Wasser** erforderlich.[134]

Doch das Geschäft mit Leder boomt auf der ganzen Welt. Die internationale Lederproduktion stieg laut der Food and Agriculture Organization of the United Nations (FAO) in den Jahren 2000 bis 2014 um 21 Prozent.[135] Vor allem in Asien und Lateinamerika wächst die Lederindustrie kräftig, schließlich werden dort auch 80 Prozent des weltweit verwendeten Leders in großen Gerbereien verarbeitet – unter wirklich furchtbaren Bedingungen.

Um das Leder nicht nur haltbar zu machen, sondern auch zu verhindern, dass es sich mit der Zeit verändert und eine Patina entsteht, werden die Tierhäute in der Regel mit Chromsalzen bearbeitet. Diese Gerbstoffe können unter Umständen auch für uns Menschen sehr schädlich werden, wie zahlreiche Produktrückrufe von Schuhen mit gefährlichem Chrom VI in Deutschland und Österreich jedes Jahr aufs Neue beweisen. Das Schwermetall wird meist in Tagebauen in Afrika und Asien abgebaut – und welche Arbeitsbedingungen dort herrschen, haben wir noch aus dem Kapitel rund um das iPhone in Erinnerung.

Für unseren Blick auf die Gerbereien dieser Welt verschlägt es uns nach Indien, dem viertgrößten Lederwarenexporteur der Welt[136], der fertiges Leder nach Hongkong, Italien, China, Südkorea, USA und Vietnam zu den Schuhfabriken von Adidas exportiert. Insbesondere die Clean-Clothes-Kampagne hat hier schon viel Recherchearbeit geleistet und zahlreiche Missstände aufgedeckt, auf die wir uns im Folgenden ebenfalls beziehen möchten.

In der **indischen Lederindustrie** arbeiten ganze **2,5 Millionen Menschen**, davon sind allein im formellen Gerbereisektor 100.000 Menschen in schlecht bis gar nicht geregelten Arbeitsverhältnissen tätig.[137]

Deswegen gehört die deutliche Mehrheit der Beschäftigten im Ledersektor, besonders jene, die in der Gerbereiindustrie arbeiten, der Kaste der „Unberührbaren" an.

Bis heute wird das menschenverachtende Kastensystem in Indien von einem großen Teil der Bevölkerung gelebt, insbesondere außerhalb der Ballungszentren werden die Angehörigen der niederen Kasten diskriminiert, geschlagen oder sogar getötet. Die Arbeit in den Gerbereien ist wiederum so schwer, so ungesund und so schlecht bezahlt, dass sie nur von denjenigen gemacht wird, die keine andere Wahl haben. Schon in der Vergangenheit übernahmen daher die „Unberührbaren" aus der Dalit-Kaste das Häuten der Tiere, das Trocknen und

Enthaaren und die Verarbeitung zu Leder. Im südindischen Bundesstaat Tamil Nadu, wo etwa 40 Prozent der gesamten Lederwarenexporte Indiens hergestellt und etwa 60 Prozent des gesamten indischen Leders gegerbt werden[138], gehören nahezu 80 Prozent der Arbeiter*innen der Kaste der Dalit an, etwa 20 Prozent sind Muslime.[139]

Ihnen werden so gut wie alle Arbeitsrechte vorenthalten, die für uns in Europa noch einigermaßen selbstverständlich sind. Sie erhalten keine Arbeitsverträge, obwohl ihnen diese rechtlich zustehen würden, sie haben keine Kranken-, Arbeitslosen-, oder Pensionsversicherung und werden um Mindestlöhne betrogen. Dazu kommen überlange Arbeitszeiten von rund 14 Stunden pro Tag, kein Urlaub, keine feste Anstellung und hohe gesundheitlichen Risiken durch die fehlende Absicherung bei der Arbeit mit den vielen Chemikalien.

In den Gerbereien herrschen hohe Temperaturen und großer Lärm. Die Beschäftigten berichten von arbeitsbedingten gesundheitlichen Problemen wie Muskel- und Gelenkschmerzen, Hautkrankheiten, Atemwegsproblemen und Augenreizungen[140] – eine direkte Folge fehlender Schutzausrüstung. Bezahlt werden sie mit Hungerlöhnen: Aushilfskräfte erhalten umgerechnet rund 3,30 Euro pro Tag, Maschinenarbeiter*innen bis zu 4,50 Euro pro Tag.[141]

Doch nicht nur für die Menschen, auch für die Umwelt, insbesondere die Böden und Wasserressourcen, hat die Lederindustrie fatale Konsequenzen. Durch den intensiven Einsatz giftiger Substanzen ist sie eine der umweltschädlichsten Branchen überhaupt.

Als wichtigste Chemikalie wird in den Gerbereien Chrom III eingesetzt, was bei falscher Anwendung oder unreinem Salz zu giftigem Chrom VI werden kann.[142] Auch noch nachträglich, also in Europa, kann sich das hochgefährliche Chrom VI durch Sonneneinstrahlung und Oxidierung ausbilden. Außerdem werden im Gerbprozess Schwefelsäure, Methansäure, Ammoniak und andere salz- und chemikalienbasierte Farbstoffe eingesetzt. In Tamil Nadu werden 70 Prozent des Leders mit Chrom bearbeitet, nur 30 Prozent des gegerbten Leders werden mithilfe von pflanzlichen Gerbmethoden hergestellt, bei denen kein Chrom zum Einsatz kommt.[143]

Zwar sind die indischen Umweltschutzgesetze für die Lederindustrie ähnlich streng wie der internationale Standard, allerdings sieht die tatsächliche Praxis ganz anders aus. Feststoffabfälle wie Lederreste werden häufig einfach am Straßenrand entsorgt oder im Freien verbrannt. Gerbereiabwässer werden mit anderen geklärten Abwässern vermischt und für die Bewässerung von Feldern eingesetzt, was die Felder der Landbevölkerung teilweise unfruchtbar macht und so die Lebensgrundlage der Bevölkerung gefährdet. Gleichzeitig leidet die Grundwasserqualität auch in den Wohngebieten beträchtlich unter den Gerbereien.

Wegen des hohen Wasserbedarfs liegen viele Gerbereien direkt an den Flussufern, in die sie ihre giftigen Abwässer unkontrolliert einleiten. So gelangen allerlei Gifte in die Gewässer der Region, in Studien hat sich dadurch eine dramatische Verringerung der Ernteerträge um 25 bis 40 Prozent gezeigt. Darüber hinaus wird davon ausgegangen, dass Chrom von Pflanzen aufgenommen wird und dadurch auch in die Nahrungskette des Menschen gelangt.[144]

Zwar reagierte die Lederindustrie nach einem Einschreiten der Justiz und installierte ab 1995 öffentliche Kläranlagen in bedeutenden Lederproduktionszentren, doch trotzdem ist die Umweltverschmutzung durch Gerbereiabwässer nach wie vor hoch. Die zentrale Umweltbehörde führte 2005 eine Leistungs-kontrolle durch und stellte dabei fest, dass damals nur wenige der öffentlichen Anlagen die Vorgaben der Umweltbehörde erfüllt hatten. 2013 wurde die Schließung einer öffentlichen Kläranlage und 56 angeschlossener Gerbereien in der Provinz Tamil Nadu angeordnet, weil diese Sicherheitsvorschriften missachtet und ungeklärte Abwässer in die Umwelt entlassen hatten.[145]

Ein Vorfall in Ranipet, einer Stadt im indischen Bundes-staat Tamil Nadu, im Jahr 2015, als eine einstürzende Wand in einer Kläranlage zehn Menschen in einer benachbarten Gerberei tötete, bestätigt die Annahme, dass die Kläranlagen in einem so schlechten Zustand sind, dass sie die Umweltauflagen der Regierung gar nicht umsetzen können. Seither wiesen auch Untersuchungen wiederholt auf Versäumnisse in öffentlichen Kläranlagen hin.

Hinzu kommt, dass Gerbereien nicht nur Abwässer pro-duzieren, sondern auch große Mengen an Feststoffabfällen.

In Indien fallen jährlich geschätzte **50.000 Tonnen Feststoffabfälle** aus der Chromgerbung an.[146] Dabei handelt es sich um Fleisch und Lederreste sowie Polierstaub. Bei der Verarbeitung von **1.000 Kilogramm Rohhaut** entstehen etwa 600 Kilogramm Feststoffabfälle.[147] **Nur 150 Kilogramm Rohmaterial** werden tatsächlich **in Leder umgewandelt**.[148]

Zusätzlich werden in den zahlreichen Kläranlagen der Gerbereien und den öffentlichen Kläranlagen Hunderte Kilogramm Trockenschlamm pro Tonne verarbeiteten Rohmaterials produziert.

Nach all diesen Prozeduren steckt in den hergestellten Lederprodukten trotzdem immer noch eine so große Menge Gift, dass es selbst in Europa noch nachgewiesen werden kann. Das deutsche Bundesinstitut für Risikobewertung hat in Tests immer wieder giftiges Chrom VI in Lederbekleidung dokumentiert. Teilweise war sogar die Hälfte der getesteten Produkte belastet. Seit 2015 gilt daher eine EU-weite Beschränkung für Chrom VI, wodurch sich zu hohe Konzentrationen an Chrom VI in den Produkten verringert haben. Das Bundesinstitut für Risikobewertung geht davon aus, dass immer noch rund fünf Prozent der Lederprodukte den Grenzwert überschreiten. In Deutschland gibt es mittlerweile über eine halbe Million Menschen, die auf Chrom VI allergisch reagieren.[149]

Wenn wir uns vor Augen halten, dass bei der Herstellung der Leder-Außenhaut unserer Reebok-Sneakers all die soeben beschriebenen Verfahren zum Einsatz kommen, dann erkennen wir, wie giftig das Material eigentlich ist, das uns als „Naturprodukt" verkauft wird. Leder wird zwar immer noch als Premiumprodukt angepriesen, seine Verwendung als Qualitätszeichen vermarktet und damit die besondere Robustheit und Hochwertigkeit des Schuhs hervorgestrichen. Wer aber nun weiß, wie giftig der Herstellungsprozess ist, wie stark die Belastungen für Menschen und Umwelt sind, der betrachtet dieses Material in Zukunft vielleicht mit anderen Augen.

Aber die Materialien sind nicht das einzige Problem, das unser Wunderschuh hervorbringt. Auch die Art und Weise, wie er erzeugt wird, ist in Wahrheit ein einziges Desaster.

# Von Kinderhand gefertigt

Wir erinnern uns, Adidas gab in seinem Geschäftsbericht an: „Im Jahr 2020 wurden insgesamt 97 Prozent unserer Schuhe in Asien produziert. Das wichtigste Beschaffungsland war Vietnam mit einem Anteil von 42 Prozent am Gesamtvolumen, gefolgt von Indonesien mit 29 Prozent und China mit 15 Prozent."[150] Damit ist Adidas in guter Gesellschaft, denn ganze 83 Prozent der weltweiten Schuhproduktion finden in Asien statt.[151]

Asiatische Länder sind daher nicht nur riesige Player in diesem Sektor, sie machen leider auch laufend Schlagzeilen mit Menschenrechtsverletzungen, Kinderarbeit, Zwangsarbeit und menschenunwürdigen Arbeitsbedingungen.

In **Vietnam** etwa müssen mehr als 16 Prozent beziehungsweise **1,75 Millionen** der **Kinder** im Alter zwischen fünf und 14 Jahren **arbeiten**, ein Drittel der Kinder arbeitet dabei sogar mehr als 42 Stunden in der Woche.[152]

Zwar liegt das gesetzliche Mindestarbeitsalter bei 15 Jahren, allerdings gibt es einige Ausnahmen für bestimmte Tätigkeiten. Manche Kinder sind also legal in den traditionellen Künstlerdörfern, den Saisonunternehmen und in der Gastronomie tätig, auch die Mithilfe in der familiären Landwirtschaft fällt unter diese Regelung. Die große Mehrheit von ihnen arbeitet jedoch illegal, beispielweise in der Prostitution, in der Anwerbung von Kund*innen, im Drogenhandel oder im fliegenden Handel.[153] Vor allem im ländlichen Raum, wo große Armut herrscht und viele Familien auf zusätzliches Geld angewiesen sind, um zu überleben, ist Kinderarbeit weit verbreitet. Das Gesetz sieht vor, dass die Kinder durch die Arbeit nicht am Besuch einer Schule gehindert werden sollen. Bei den langen Arbeitszeiten von bis zu 42 Stunden pro Woche und bis zu sieben Stunden am Tag, bleibt allerdings praktisch gar keine Zeit mehr für die Schule.[154]

Die weltweiten Schätzungen darüber, wie viele Arbeiter*innen tatsächlich in der globalen Schuhindustrie arbeiten, variieren. Nach Angaben der Organisation der Vereinten Nationen für industrielle Entwicklung (UNIDO) sind es 4,2 Millionen Arbeiter*innen, nach Angaben der Industrie selbst beträgt die Zahl 7,1 Millionen. UNIDO schätzt, dass 46 Prozent der Schuharbeiter*innen Frauen sind.[155] Wie viele davon minderjährig sind, wenn sie ihre Arbeit in der Industrie beginnen, wird natürlich von den Unternehmen selbst nicht erhoben. Ihre Zahl dürfte jedoch gewaltig sein.

Den mittlerweile weithin bekannten Missständen in der vietnamesischen Schuhindustrie hat sich neben unzähligen anderen Organisationen auch der in Oxford ansässige internationale Verbund von Hilfs- und Entwicklungsorganisationen Oxfam angenommen. In einer Reportage im Jahr 2018 hat die NGO die 32-jährige Duong Thi Lan begleitet, die in einer Schuhfabrik in der Dong-Nai-Provinz arbeitet.[156] Dort näht sie Absätze und Sohlen für Schuhe internationaler Marken wie Adidas zusammen, sie arbeitet sechs Tage die Woche neun Stunden am Tag und erhält dafür nur etwa einen US-Dollar pro Stunde. Pro Tag arbeitet sie an 1.200 Paar Schuhen – von ihrem monatlichen Gehalt könnte sie sich nicht einmal ein Paar davon für ihren Sohn leisten, der weit weg am Land bei ihren Eltern lebt, während sie in der Stadt arbeiten muss, um ihre Familie zu ernähren.

Die Schuhfabrik bezahlt sie so schlecht, dass sie noch zwei zusätzliche Jobs braucht, um über die Runden zu kommen. An zwei Abenden in der Woche arbeitet sie als Schneiderin, sonntags, an ihrem einzigen freien Tag in der Fabrik, als Kellnerin in einem Restaurant. Ihren Arbeitsalltag beschreibt sie folgendermaßen: „Mein Arbeitgeber setzt mich stark unter Druck, weil wir unsere Vorgabe erreichen müssen. Es gibt Zeiten, in denen wir in der Arbeit ohnmächtig werden. Sie fordern zu viel von uns, sie drohen uns sogar. (…) Zudem erlaubt mir das Unternehmen nicht meinen Jahresurlaub zu nehmen, wann ich möchte. Es ist nun fast ein Jahr her, seit ich das letzte Mal zu Hause war." Die Situation und die harte Arbeit setzen ihr sichtlich zu, trotzdem will sie sich für ihre Kolleg*innen engagieren und für bessere Arbeitsbedingungen einsetzen.

Oxfam Deutschland ergänzt dazu, dass der Lohn von 2,5 Millionen Beschäftigten in der Textilbranche in Vietnam auf ein existenzsicherndes Minimum angehoben werden könnte, wenn die fünf weltweit führenden Textilkonzerne nur ein Drittel weniger an ihre Aktionär*innen auszahlen würden. Einer der Hauptgründe, wieso Adidas seine beliebten Reeboks und den Großteil seiner rund 400 Millionen Paar Schuhe in Asien produzieren lässt, sind die geringen Lohnkosten. Das lässt sich allerdings so überhaupt nicht mit dem Sauber-Image des Konzerns vereinbaren.

Um Kritik an dieser Praktik der Auslagerung von Arbeit in Billiglohnländer zu begegnen, hat sich Adidas daher ein eigenes Bewertungs- und Beschwerdemanagement einfallen lassen. So schreibt der Konzern in seinem Geschäftsbericht 2020: „Wir bewerten alle unsere Hersteller anhand spezieller Performance-Kriterien, die von Global Operations in regelmäßigen Abständen gemessen und geprüft werden. (…) Mittels eines

Compliance- und Umwelt-KPI-Nachverfolgungssystems (…) erfassen wir zudem die Leistung unserer Zulieferer im sozialen und Umweltbereich."

Doch wie streng sind diese Kontrollen am anderen Ende der Welt nun wirklich? Und wie kann sichergestellt werden, dass sie tatsächlich unangemeldet und umfassend passieren? Nähere Angaben dazu lassen wenig Optimismus zu. So schreibt der Konzern weiter in seinem Geschäftsbericht: „Von den insgesamt 921 im Jahr 2020 durchgeführten Überprüfungen hinsichtlich der Einhaltung sozialer Standards und Umweltbewertungen wurden 128 virtuell durchgeführt. Trotz der Einschränkungen durch die Coronavirus-Pandemie haben wir 256 Prüfungen gemäß der ZDHC-Abwasserrichtlinie erfolgreich abgeschlossen, die auch in unseren Umweltbewertungen berücksichtigt werden. Im Jahr 2020 wurden 88 Audits in Eigenverantwortung und Audits in Kooperation durchgeführt. Erreicht eine Produktionsstätte eine Compliance-Bewertung von 4C oder höher, ist sie berechtigt, Audits selbst durchzuführen und angemessene Pläne zur Behebung von Missständen zu erarbeiten (Audit in Eigenverantwortung). Diese überprüfen wir regelmäßig."

In Anbetracht der vielen Adidas-Produktionsstätten kann also davon ausgegangen werden, dass der Großteil der Fabriken nur einmal pro Jahr zumindest mit einem Lokalaugenschein überprüft wird. Dem gegenüber stehen laut Adidas fast 46.000 Beschwerden über Verstöße gegen Arbeits- und Menschenrechte, die im Jahr 2020 beim Konzern eingereicht wurden.[157]

Ein Beispiel für eine solche Beschwerde findet sich in der taiwanesischen Zulieferfabrik PT Panarub Industry, die auch heute noch unter „Primary Supplies and Subcontractors" auf

Platz 262 der offiziellen Beschaffungskettenliste von Adidas steht.[158] Die Fabrik produziert schon seit Ende der 1980er-Jahre für Adidas und hat auch den „Predator X Fußballschuh", der bei Weltcup-Turnieren auf der ganzen Welt weit verbreitet ist, hergestellt.[159] Im Jahr 2012 kam es dort zu einem Streik von 2.000 Arbeiterinnen – es waren fast ausschließlich Frauen –, die Lohnerhöhungen und bessere Arbeitsbedingungen einforderten. Sie warfen ihrem Arbeitgeber vor, schlecht behandelt, zu Überstunden gezwungen und zu niedrig bezahlt zu werden. Außerdem berichteten die Streikenden, dass menstruierende Frauen sich erniedrigenden körperlichen Untersuchungen unterziehen mussten, um ihren gesetzlichen zweitägigen Arbeitsurlaub antreten zu dürfen. Doch die Fabrikleitung entschuldigte sich nicht etwa bei den Beschäftigten oder suchte einen Kompromiss, sondern feuerte 1.300 Arbeiter*innen und verweigerte vielen von ihnen auch noch ihre verdiente Abfertigung. Das ging so weit, dass sechs Jahre später 327 der Entlassenen immer noch auf ihre Abfertigung warteten und die Kampagnengruppe „Clean Clothes" eine Beschwerde gegen Adidas bei der deutschen Kontaktstelle der OECD einreichte.

In der Klage wurde Adidas beschuldigt, gegen die OECD-Richtlinien für multinationale Unternehmen und gegen die Leitprinzipien der Vereinten Nationen für Wirtschaft und Menschenrechte verstoßen zu haben.[160] Adidas erwiderte darauf, dass der Konzern „die normalen Grenzen dessen überschritten habe, was von jedem Käufer erwartet wird, um zur Lösung dieses Falls beizutragen", und den Vertrag mit PT Panarub Dwikarya Benoa eingestellt habe.[161] Allerdings ließ sich Adidas weiterhin von der Fabrik beliefern und hat sie bis heute auf seiner Lieferantenliste unter den wichtigsten Zulieferbetrieben gelistet. Im Jahr 2016 kam es schließlich zu einem Beschluss der Internationalen Arbeitsorganisation, dass es keine gesetzliche Grundlage für die Entlassungen gab und das Grundrecht der Arbeiter*innen auf Vereinigungsfreiheit verletzt wurde, und infolgedessen zu einer Einigung.[162]

## Die Weltreise

Lag der Fokus bisher darauf zu zeigen, wo Konzerne ihre Rohstoffe herbekommen, wo und wie produziert wird, wollen wir uns jetzt näher damit beschäftigten, wie all die fertigen Produkte von allen Kontinenten dieser Erde zu uns gelangen. Auch dafür ist der Adidas-Sneaker ein gutes Beispiel, denn schließlich müssen es die Sportschuhe von Vietnam auch irgendwann nach Europa schaffen, damit sich das Geschäft mit der Lieferkette richtig lohnt – und zwar möglichst billig. Adidas gibt zu seiner Logistik in seinem Geschäftsbericht bekannt, dass das globale Distributionsnetzwerk aus 64 Zentren besteht, davon werden mehr als die Hälfte nicht vom Unternehmen selbst, sondern von Logistikpartnern betrieben. Wie schon in der Produktion, setzt der Konzern also auch beim Transport auf Outsourcing, um Kosten zu reduzieren und unternehmerische Verantwortung abzuwälzen.

Eine Grafik im Geschäftsbericht informiert uns noch darüber, dass 98 Prozent der Adidas- und Reebok-Schuhe mittels Schifffahrt transportiert und ausgeliefert werden, nur ein Prozent soll demnach via Lkws beziehungsweise Flugzeug transportiert werden. Auch mit dieser Praxis ist der Konzern natürlich nicht allein, sondern tut es allen anderen gleich. Werfen wir also einen Blick auf die so wenig beachtete internationale

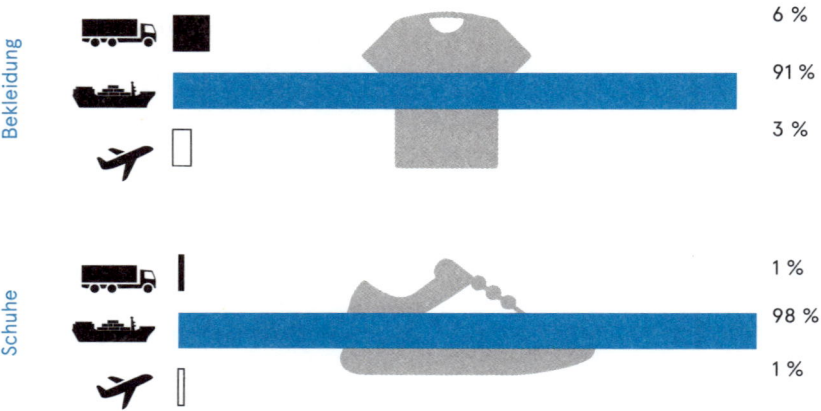

**DOMINIERENDER SCHIFFSTRANSPORT**
Transportmethoden bei Produkten von Adidas und Reebok
in Prozent der ausgelieferten Produkte, 2020

Bekleidung

6 %
91 %
3 %

Schuhe

1 %
98 %
1 %

Schifffahrt, um herauszufinden, warum der Schiffstransport
sich so großer Beliebtheit erfreut.

Schon eine kurze Recherche legt das wohl wichtigste
Argument für die diesen Beförderungsweg offen: Die Kosten
für Transport und Verladung sind in der Schifffahrt weltweit
extrem niedrig.[163] Der Transport via Flugzeug oder Lkw wäre
wesentlich teurer, das Schienennetz ist nicht gut genug ausgebaut. Deswegen werden jährlich rund elf Milliarden Tonnen
Güter über die Meere verschifft, bei dem Großteil davon handelt
es sich um Rohstoffe. Fertige Produkte wie unsere Sportschuhe
machen einen kleineren Teil aus, wurden aber aus den bereits
zuvor für ihre Herstellung über weite Strecken verschifften Rohstoffe gefertigt. Im Jahr 2017 entfielen 30 Prozent der über das
Meer verschifften Gütermenge von 10,7 Milliarden Tonnen auf
Öl, Ölprodukte und Gas. Weitere 30 Prozent machten Eisenerz,

Kohle und Weizen aus. 23 Prozent waren andere Rohstoffe in trockener Form wie Bauxit, Aluminium, Phosphat, Sand und Ähnliches. 17 Prozent entfielen auf Container, die mit fertigen Waren bzw. Lebensmitteln befüllt waren, wie etwa Tomaten, Mehl, Schweinefleisch, Milchpulver, Smartphones oder eben Sportschuhe.[164]

Diese **Container-Transporte** sind eine relativ junge Erscheinung, seit den 1980er-Jahren ist die Menge der gesamten Containerfracht um das **18-Fache angestiegen**.[165]

Dieser Anstieg erfolgte zeitgleich mit dem massiven globalen Ausbau von Lieferketten. Die Anzahl der Schiffe, die seither auf unseren Meeren rund um die Uhr unterwegs sind, ist überwältigend. Denken wir nur kurz an die „Ever Given", das Containerschiff, das im März 2021 mit seinen gigantischen Ausmaßen eine Woche lang den gesamten Suezkanal blockierte. Bis zu 400 Meter lang, 59 Meter breit und 16 Meter tief kann ein modernes Containerschiff werden, auf dem dann gut 21.000 Container mit rund 2,5 Meter Breite und 12,2 Meter Länge Platz finden.

Die rund elf Milliarden Tonnen Güter, die jedes Jahr verschifft werden, legen dabei durchschnittlich eine Strecke von knapp 9.000 Kilometern zurück. Wenig überraschend befinden sich die größten Häfen der Welt in China. Alleine im größten Hafen Europas, dem Hamburger Hafen, werden jährlich über 2,4 Millionen Standardcontainer umgeschlagen.[166] Die beiden größten und erfolgreichsten Reedereien befinden sich jedoch nicht in Asien. Maersk aus Dänemark und die Mediterranean Shipping Company mit Sitz in Genf haben zusammen einen Marktanteil von 33 Prozent.[167]

Diese Konzentration erklärt sich durch folgende Praxis, die von der vom deutschen Verein für Internationalismus und Kommunikation betriebenen Kampagne Fair Oceans sehr treffend dargestellt wurde: „Ein typisches Containerschiff gehört deutschen, chinesischen, dänischen oder griechischen Eigentümern, wird von überwiegend europäischen Reedern betrieben, hat europäische oder russische Offiziere, eine philippinische Mannschaft, wurde gebaut von chinesischen Werftarbeitern, und am Ende seiner Lebenszeit wird es verschrottet von pakistanischen, indischen oder bengalischen Wanderarbeitern. Es fährt unter der Flagge von Liberia, Panama, Singapur, Hongkong oder Antigua und Barbuda, und das Kapital für seinen Bau stammt klassischerweise aus Fonds, in denen Angehörige der oberen Mittelschicht aus Ländern wie Deutschland ihr Kapital anlegen."[168]

Derart verschachtelte Geschäftspraktiken bieten den idealen Boden für Lohn- und Sozialdumping, sie erschaffen einen nahezu rechtsfreien Raum für die Belegschaft der Schiffe, weil es kaum Zugang und Kontrollen gibt. Dementsprechend wenig sichtbar und bekannt sind die mitunter menschenunwürdigen Arbeitsbedingungen, die auf Schiffen und in Häfen herrschen. Denn der Großteil des Seetransports erfolgt auf Schiffen unter sogenannten „Billigflaggen", das heißt unter der Flagge der 35 Länder, die Sozialdumping und unkontrollierte Arbeitsverhältnisse auf den Schiffen dulden.

Die Verträge der Seeleute, die vorwiegend aus Indien, Pakistan, den Philippinen oder aus den Billiglohnländern Lettland, Ukraine und Kroatien stammen, sind in der Regel befristet und laufen über einen Zeitraum von rund neun Monaten. Während dieser Zeit arbeitet die Besatzung durchgehend, ohne Feier- oder Ruhetage, und meist über die vertragliche 64-Stunden-Woche hinaus. Für sie gelten keine Schutzbestimmungen für ihre Gesundheit und sie haben keine Urlaubsansprüche. Fair Oceans führt dazu wieder treffsicher aus: „Sie werden teilweise nach Willkür bezahlt, erhalten gar keinen Lohn oder werden sogar versklavt."[169]

Abseits der katastrophalen sozialen Zustände, die auf den Schiffen herrschen, ist dieser Transportweg auch für die Umwelt eine extreme Belastung. Auch wenn es weniger bekannt ist und seltener diskutiert wird – der Anteil der Schifffahrt an den gesamten globalen Treibhausgas-Emissionen ist nicht wesentlich geringer als der des Flugverkehrs. Laut Bundesverband der Deutschen Luftverkehrswirtschaft lag er im Jahr 2015 bei rund 2,6 Prozent, jener der Luftfahrt bei 2,83 Prozent.[170]

Insgesamt rund 25 Prozent des weltweit emittierten $CO_2$ stammt aus dem Transportsektor, der Löwenanteil, etwa 18 Prozent, wird durch den Straßenverkehr verursacht – schließlich müssen die Güter von den Häfen noch weiter zu ihren endgültigen Zielen transportiert werden.[171] Das Frachtaufkommen das sich im Jahr 2019 im europäischen Straßenverkehr bewegte, betrug rund 15,21 Milliarden Tonnen.[172] Beauftragt von rund 530.000 Transportunternehmen, von denen 460.000 in Deutschland und 384.000 in Polen ansässig sind, fuhren über drei Millionen Lastwagen über Europas Straßen.[173]

Lkw-Fahrer*in zu sein ist ein Knochenjob, der fast ausschließlich, also zu 98 Prozent, von Männern im Alter von 45 bis 50 Jahren gemacht wird. Meist müssen die Fahrer nicht nur tagelang, ohne Pause und neun bis zwölf Stunden pro Tag unter hohem Zeitdruck über die Straßen brettern, sie müssen auch ihre Lkws mit den Waren be- und entladen. Zwar ist die Arbeitszeit der Fahrer offiziell auf neun Stunden pro Tag und 48 Stunden pro Woche begrenzt, allerdings darf sie bei Bedarf auch auf bis zu 60 Stunden pro Woche ausgeweitet werden. Viele Beschäftigte stehen so stark unter Zeitdruck, dass sie allen Regeln zum Trotz noch wesentlich länger unterwegs sind. Obwohl das natürlich ein hohes Unfallrisiko in sich birgt und die Fahrer krank macht, wird auch oft auf Pausen verzichtet.

Diese Arbeit wird noch dazu mit einem kümmerlichen Stundenlohn bezahlt, der in Österreich beispielsweise rund 9,40 Euro beträgt und in anderen EU-Ländern noch wesentlich niedriger ist. Das ist auch in dieser Branche der Grund dafür, warum dieser Job in der Regel nicht mehr von deutschen oder österreichischen Fahrern, sondern von Personen aus Süd-/Osteuropa oder seit ein paar Jahren auch vermehrt von Männern aus Drittstaaten gemacht wird.[174]

Obwohl alle, die in Deutschland arbeiten, einen Lohnanspruch von 8,84 Euro pro Stunde haben – egal, in welchem Land der Vertrag unterzeichnet wurde –, umgehen viele Arbeitgeber*innen diesen Mindestlohn mit einem Trick: Die Fahrer bekommen als Ausgleich für die Differenz zwischen dem niedrigen Grundlohn und ihrem Anspruch auf rund 1.500 Euro Mindestlohn eine sogenannte Tagespauschale. Das sind genau genommen Spesen, für die die Unternehmen weder Sozialabgaben noch Steuern abführen. So kann es sein, dass zwei Fahrer, die für die gleiche Spedition unterwegs sind, unterschiedlich bezahlt werden. Der eine Fahrer mit einem deutschen Arbeitsvertrag erhält etwa 2.500 Euro. Der Lohn des zweiten Fahrers, der für eine ungarische Niederlassung der gleichen Spedition arbeitet, liegt mit 500 Euro jedoch deutlich unter jenem des deutschen Kollegen. Dieses Beispiel ist leider typisch und eher die Regel als die Ausnahme.

## Lieblingsstück

Zurück zu Reebok, zurück zu unserem Schuh. Die bequemen Sneakers sind, wie wir gesehen haben, das Machwerk von vielen Menschen an vielen Orten der Welt. In den allermeisten Fällen sind diese Menschen weder fair entlohnt noch sozialrechtlich hinreichend abgesichert, ihre Arbeit ist ganz im Gegenteil von Unsicherheit und Knappheit geprägt. Und sie hinterlässt einen Haufen Dreck und gewaltige Zerstörung auf unserem Planeten. Begonnen mit der Gewinnung von Rohöl, der Basis der Kunststoff-Sohle des Schuhs, bis zur Erzeugung von Leder, dem wichtigen Werbeattribut.

Die Sneakers mögen das Symbol eines lässigen Zeitgeistes sein, in Wahrheit sind sie das überragende Beispiel dafür, wie viel Ausbeutung und Zerstörung auf durchschnittlich 26 bis 27 Zentimeter Sohlenlänge passen. Das betrifft die Herstellung, aber auch den Transport. Bevor wir den Schuh auch nur einmal getragen haben, hat er bereits Zigtausende Kilometer Reise hinter sich gebracht. Das Rohöl aus dem Nahen Osten, die Plastikerzeugung in China, die Lederherstellung in Indien, das Zusammenfügen der Einzelteile zu einem Schuh in Vietnam, die Verschiffung nach Nordamerika oder Europa und der Transport mit dem Lkw: Bis der Schuh im Regal eines der Tausenden Adidas-Geschäfte oder eines Sportartikel-Händlers landet, wurde die Erde mehrfach umrundet.

Das Reebok-Lieblingsstück, das häufig so schnell wieder ausgetragen und weggeworfen wird, ist ein Markenzeichen

# WO DER TURNSCHUH HERKOMMT

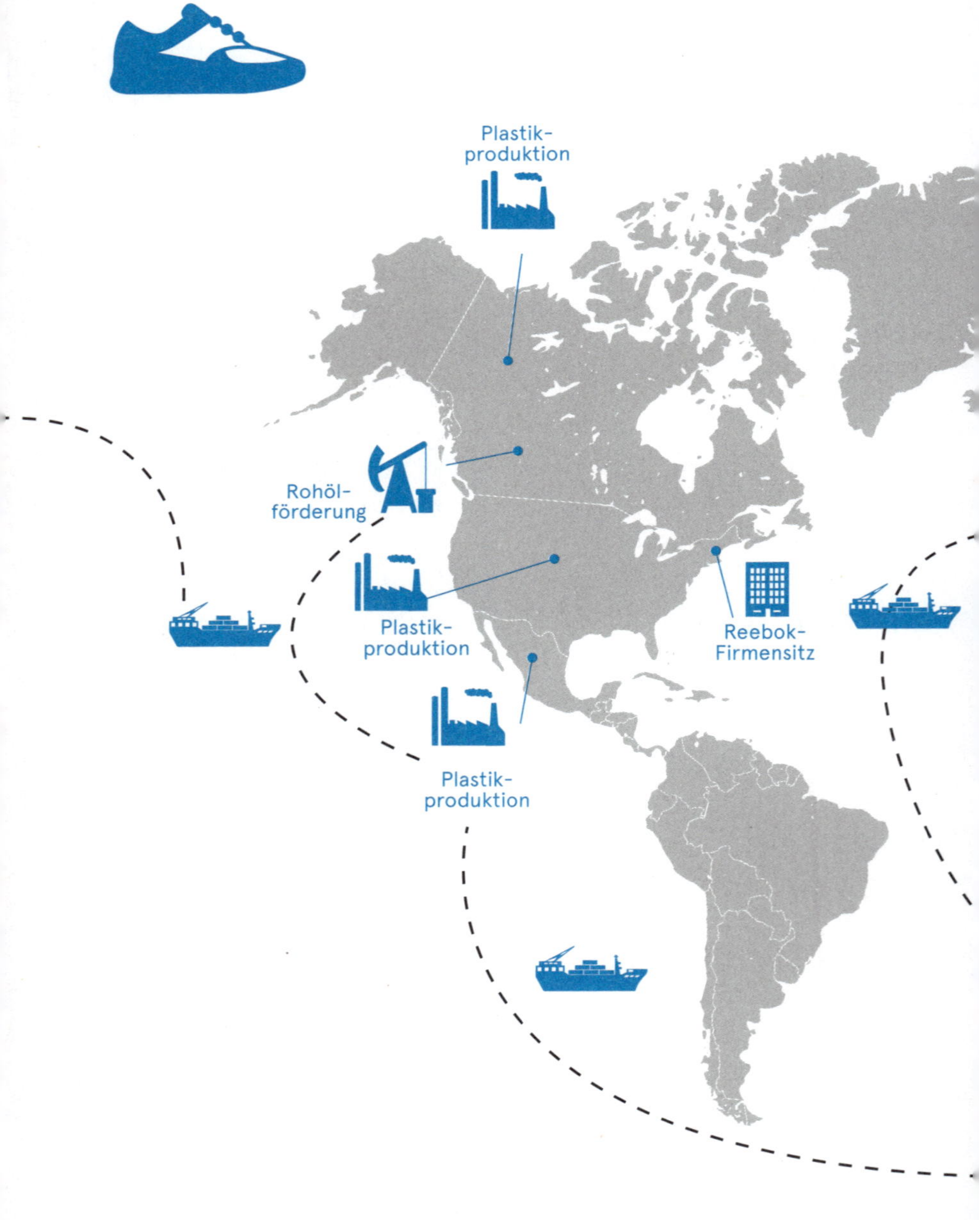

Plastik-
produktion

Rohöl-
förderung

Plastik-
produktion

Reebok-
Firmensitz

Plastik-
produktion

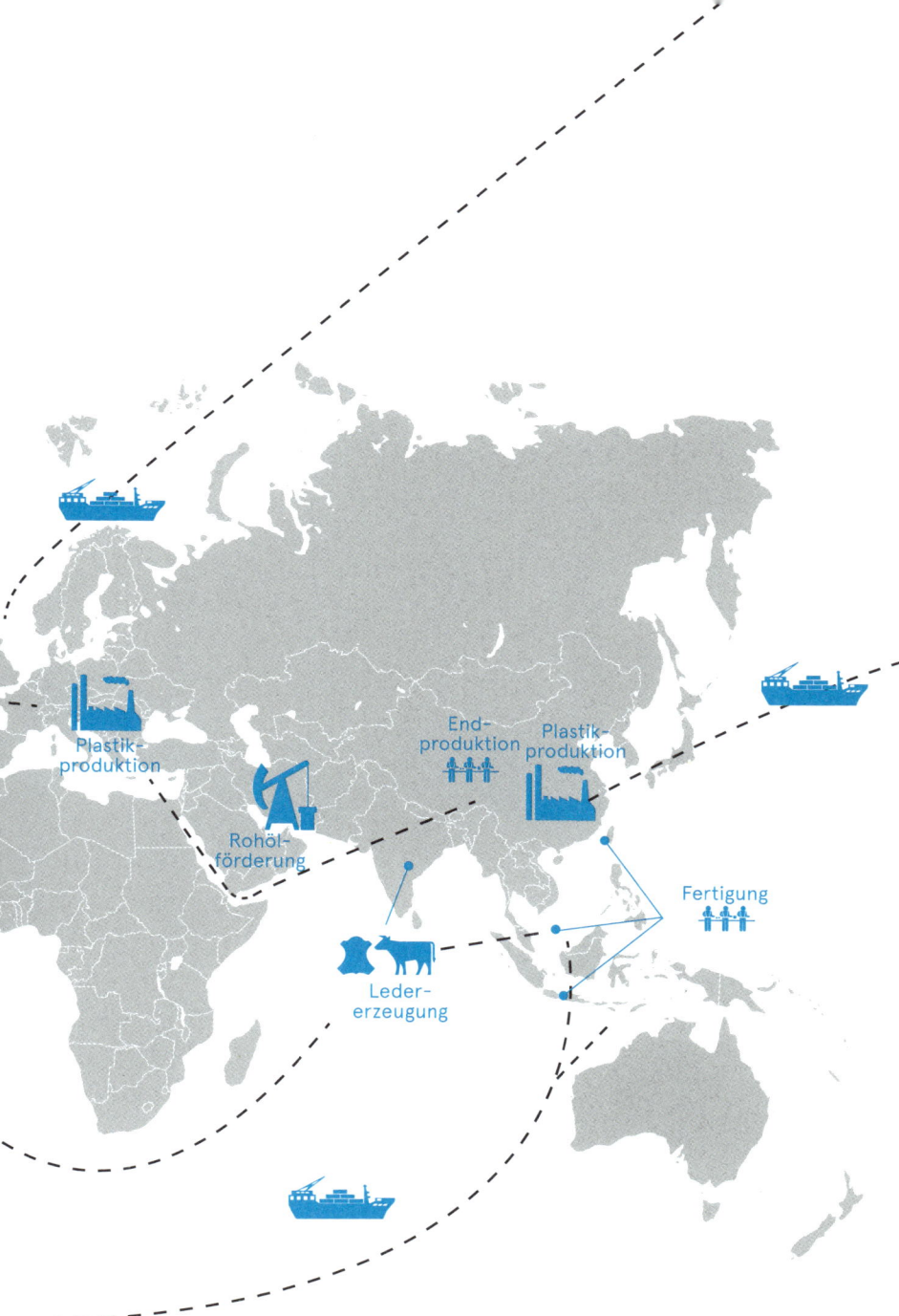

Plastik-
produktion

Rohöl-
förderung

End-
produktion

Plastik-
produktion

Fertigung

Leder-
erzeugung

147

des globalen Raubbaus. Und auch ein perfektes Beispiel dafür, wieso Selbstregulierung im Bereich der Menschenrechte und Umweltstandards nicht funktioniert, sondern es verbindliche gesetzliche Regeln – wie etwa ein Lieferkettengesetz – braucht. Wir könnten und müssen uns im Grunde die Frage stellen, ob diese Form der Erzeugung alternativlos ist. Von den Materialien wie Plastik und Leder angefangen bis hin zu den Stätten der Herstellung. Selbst wenn wir akzeptieren, dass die Schuhe aus dem Material bestehen, aus dem sie nun einmal derzeit gemacht werden, und dass sie in Asien gefertigt werden – wer hindert den Konzern daran, die Menschen entlang der Produktions- und Lieferketten fair zu entlohnen? Eine Milliarde Euro Gewinn im Jahr kann Adidas verbuchen, wunderbare drei Euro pro Aktie an Dividende konnten die Anteilseigner zuletzt einfahren. Bis zu drei Milliarden Euro pro Jahr werden weltweit für Marketing von dem Konzern ausgegeben, mit großem Erfolg: Adidas ist mittlerweile die Nummer drei unter den wertvollsten Bekleidungsmarken der Welt. Eine teuer erkaufte Spitzenposition.

Um welchen Betrag müsste der Preis pro Paar steigen, damit unter Garantie keine Kinderarbeit und keine Umweltzerstörung mehr in den Schuhen stecken? Sind es fünf oder vielleicht doch 20 Cent? Auf wie viel von der Dividende müssten die größtenteils institutionellen Anteilseigner von Adidas verzichten, um das Produkt annähernd so zu machen, wie es in der Werbung vermittelt wird? Sind es fünf oder zehn Prozent? Es ist bei Adidas wie bei jedem anderen Konzern der Branche: Die Aufwendungen wären gering, wenn man es nur wollte.

Die Wahrheit ist, dass es einfach unglaublich lukrativ ist, nicht zu wissen, woher die Rohstoffe kommen, wie die

Produktion der Einzelteile wirklich aussieht und was mit der Reise des Schuhs verbunden ist. Spätestens jetzt, da wir die Fakten kennen, müssen wir uns als Konsumentinnen und Konsumenten auch hinterfragen und überlegen, wie wir als Einzelne einen Beitrag dazu leisten können, dass sich hier etwas ändert. Doch nicht zuletzt die Vorstände der multinationalen Konzerne tragen eine Verantwortung dafür, dass das, was sie so reich macht, andere nicht gefährdet, schädigt oder tötet.

Schöne und ausführliche Geschäftsberichte, in denen Visionen formuliert werden, in denen alles anders ist als in der gelebten unternehmerischen Praxis, sollten eigentlich verboten oder unter Strafe gestellt werden. Sie sind Sand in den Augen derer, die versuchen, einen positiven Beitrag zu leisten, und sich mit den Hintergründen ihrer Konsumgüter beschäftigen. Aber die Politik wird die Machenschaften der Konzerne so lange nicht unter Strafe stellen, solange der Druck von unten, von uns allen also, nicht groß genug ist. Deshalb gilt es nun, genau diesen Druck aufzubauen.

Die gute Nachricht ist: Es passiert bereits. Die vielleicht für manche eher schlechte Nachricht: Wir alle müssen mitmachen, damit daraus tatsächlich ein systemischer Wandel wird.

# ES IST ETWAS IN BEWEGUNG GERATEN

Lebensmittel, Kleidung, technische Geräte – überall findet sich also Ausbeutung und Zerstörung. Das ungehinderte Profitstreben der Konzerne auf dem Rücken all jener, die sich nicht dagegen wehren können, ist, wie wir anhand von mehreren konkreten Beispielen gezeigt haben, kein Ausreißer, es ist systemimmanent. Es ist auch nichts originär Europäisches oder US-Amerikanisches, obwohl die meisten multinationalen Konzerne nach wie vor in diesen Ländern ihre Hauptsitze haben. Diese Form der Geschäftemacherei wird ermöglicht durch eine Vielzahl von gezielt angelegten Lücken in der Gesetzgebung, die über Jahrzehnte und in aufwendiger Lobbyarbeit erwirkt wurden.

Es beginnt bei der Intransparenz und endet bei der Steuervermeidung beziehungsweise Steuerflucht, die zur Folge hat, dass Konzerne wie Amazon zwar zig Milliarden Euro in vielen Ländern erwirtschaften, aber keinen Cent an Steuern dafür bezahlen. Dieses System führt aber auch dazu, dass Superreiche wie Jeff Bezos in einer globalen Krise, in der Millionen ihr Leben und viele mehr ihre wirtschaftliche Existenz verloren haben, seinen persönlichen Besitz um Hunderte Milliarden Dollar vergrößern konnte.

Und es resultiert darin, dass Unternehmen wie **Starbucks** in Österreich bei Umsätzen von fast 15 Millionen Euro zwar nur rund **3.000 Euro (!) an Steuern pro Jahr** zahlen, aber in der Corona-Krise über **800.000 Euro an staatlichen Hilfsgeldern** lukrieren konnten.

Wir wissen das alles, mehr oder weniger detailliert, bereits seit Jahren. Und doch gelingt es uns anscheinend nicht, etwas daran zu ändern. Offenbar sind die Strukturen der Ungleichverteilung so resistent, dass wir uns dagegen machtlos fühlen, obwohl wir in einer Demokratie leben und damit als Bürgerinnen und Bürger die Gesetze bestimmen könnten. Doch dieser Eindruck trügt. Natürlich ist schon einiges in Bewegung geraten, sind bereits viele aktiv in einem Wandel engagiert. Was fehlt, ist die Vernetzung. Was fehlt, ist aber auch das Bewusstsein darüber, dass wir viele sind, die an einer neuen Erzählung arbeiten, die von Ermächtigung und Partizipation geprägt ist.

Gelebte Solidarität und faires, ökologisches Wirtschaften sind keine Schlagworte aus einer sozialromantischen Utopie, das sind ganz reale, ja überaus notwendige Konzepte, die funktionieren können. Wenn wir es wollen. Denn die Widernatürlichkeit des Raubbaus, wie er von den Konzernen nachweislich tagtäglich zu ihrem Vorteil gelebt wird, wird zu einem Ende finden. Die Frage ist nur, ob vorher der Planet und wir mit ihm in der Klimakatastrophe oder dem massenhaften Sterben der Arten zugrunde gehen oder ob wir rechtzeitig die Reißleine ziehen. Dazu müssen wir uns auf unsere stärkste demokratische Waffe besinnen: die Solidarität.

Unsere ganze Menschheitsgeschichte ist von Wandel geprägt, er ist in Wahrheit die einzige Konstante. Niemand hätte sich vor einigen Jahrhunderten vorstellen können, dass das klerikale Primat eines Tages enden wird, dass nicht mehr die „Diener Gottes" auf Erden die Gesetze für uns machen. Später schien es unvorstellbar, dass die „Blaublütigen", die selbsternannten Herrscher, die sich aufgrund ihrer Abstammung überlegen fühlten, jemals von ihren Thronen gestoßen werden könnten. Nein, wir haben die Unterdrückung der Frauen oder die Ablehnung von

Menschen mit anderem Aussehen noch lange nicht überwunden, aber wir haben zumindest die repressivsten Formen der Spaltung abgeschafft. Möglich gemacht hat das nicht die freiwillig entstandene Einsicht der Mächtigen, dass ihr Handeln schädlich oder falsch wäre, sondern der Widerstand der vielen, die sich dagegen erhoben haben.

Der Krug geht so lange zum Brunnen, bis er bricht, lautet ein altes Sprichwort. Wir sind der Meinung, dass er gebrochen ist. Es ist Zeit für ein neues Gefäß, das allen gleichermaßen ein gutes Leben ermöglicht, oder zumindest die ehrliche Chance bietet, es zu erlangen. Es ist etwas in Bewegung geraten, an vielen Orten und auf viele Weisen, denken wir nur an die vielfältigen Ausprägungen der *Fridays-for-Future*-Gemeinschaft, mit in eigenen Gruppen organisierten Eltern, Arbeitenden und sogar Landwirt*innen. Der Anfang ist, diese Bewegung wahrzunehmen.

Im Grunde sind wir Menschen auf Kooperation gepolt. Wie jedes Lebewesen auf unserem Planeten streben wir in unserem Innersten nach Leben, befördern also intuitiv das, was dieses ermöglicht. Wir müssen erst mit großem Aufwand davon abgebracht werden, etwa in Form des Konkurrenzprinzips, das in unseren Gesellschaften schon den Kindern antrainiert wird. Würde uns nicht irgendjemand eintrichtern, dass es sinnvoll oder gar notwendig sei, sich über andere zu erheben, sie zu unterdrücken und auf ihre Kosten den eigenen Vorteil zu mehren, selbst wenn er gar nicht mehr nutzbar ist, würden wir es nicht tun. Es ist etwa zutiefst unlogisch, dass wir unsere Umwelt und damit unsere Lebensgrundlage zerstören.

Selbst die Hohepriester des Neoliberalismus haben mittlerweile erkannt, dass die steigende soziale Ungerechtigkeit und der drohende Kollaps des Ökosystems, die von den Geistern der

„unsichtbaren Hände" verursacht wurden, die sie einst riefen, auch ihnen schaden werden. Es gibt keine Wirtschaft auf einem toten Planeten, lautet folgerichtig einer der Sprüche, wie er von vielen jungen Menschen auf Plakate geschrieben wird, wenn sie durch die Straßen ziehen statt in die Schule zu gehen, um auf ihre Forderungen aufmerksam zu machen. Es ist beschämend, dass wir diesen Aufstand der Jüngsten gebraucht haben, um eine basale Wahrheit zu erkennen: So wie bisher kann es nicht weitergehen. Das ist längst keine moralische Debatte mehr, es ist schlicht zur Überlebensfrage geworden.

Wie stark dieses Überleben bereits heute bedroht ist, das erkennen wir an den vielen Arbeitsunfällen in den Textilfabriken und den Kobaltminen im Globalen Süden, an den katastrophalen Gesundheitsschäden für die ansässige Bevölkerung, die mit dem Abbau von Rohstoffen an ihren Wohnorten verbunden sind. Doch bislang sind es „nur" ihre Leben, die für diese Form des Wirtschaftens verloren gehen, weswegen es weitestgehend achselzuckend zur Kenntnis genommen wird. Wenn jetzt das Bewusstsein auch in Europa dafür steigt, dass wir uns auch hier nicht mehr vor den Folgewirkungen der Konzernmachenschaften schützen werden können, steigt die zivilgesellschaftliche Mobilität und die Bereitschaft zum solidarischen Handeln. Und das ist extrem wichtig.

Im Grunde leben viele bereits in ihrem Alltag nach diesem Prinzip, durch die Hilfe in der Nachbarschaft sowohl im großstädtischen Bereich wie auch durch die dörfliche Gemeinschaft. Je näher Menschen beisammen sind, je besser sie einander kennen und als fühlende Wesen in echter Interaktion erleben, desto stärker ist das zu beobachten. Das ist keine Frage von Kultur oder Zeitzone, von Hautfarbe oder Geschlecht, es ist in uns Menschen eingeschrieben. Es ist das unerschütterliche Fundament, auf dem wir gesellschaftlichen Wandel aufbauen können und müssen. Dafür benötigen wir allerdings das Bewusstsein, dass wir letztlich alle an einem Strang ziehen, ganz gleich wofür wir im Moment gerade kämpfen oder wo wir es tun.

## Eine Grenzüberschreitung

Wenn wir uns die Lieferketten der von uns in den vorigen Kapiteln untersuchten Produkte vor Augen halten – der Pizza, des Smartphones und des Sportschuhs –, dann sind viele Länder in ihre Erzeugung involviert. An all diesen Orten gibt es Widerstand gegen das vorherrschende System, das nicht nur die Waren, sondern auch die Profite exportiert und Ausbeutung, Elend und Verschmutzung zurücklässt. Es ist also nicht nur die Profitmaschinerie der Konzerne grenzüberschreitend aktiv, sondern auch der Protest dagegen organisiert sich zunehmend über Ländergrenzen hinweg. Selbst dort, wo es Restriktionen gegen das Aufbegehren gibt, wo mitunter auch einfach das Internet gänzlich abgedreht oder zumindest gewisse Seiten gesperrt werden, ist der Widerstand nicht zu stoppen.

Wir möchten uns daher nun exemplarisch einige der Länder ansehen, aus denen die Rohstoffe unserer Beispielprodukte herkommen, und zeigen, dass die Zivilgesellschaft auch dort längst gegen die Machenschaften der Konzerne aktiv geworden ist. Das ist wichtig, damit wir verstehen, dass wir im Kampf für mehr soziale und ökologische Gerechtigkeit bereits viele Verbündete haben – auch im Globalen Süden. Und es ist wichtig, um eurozentrischen Vorstellungen entgegenzuwirken, die manchmal dazu führen, dass Menschen ausblenden, wie engagiert vor Ort bereits für die eigenen Rechte gekämpft wird.

Was diese Menschen und Bewegungen dort, in den Ländern der Ausbeutung, verbindet, sind die prekären Rahmenbedingungen ihres Aktivismus. Nicht nur fehlt ihnen schlicht die Zeit, um für ihre Rechte zu kämpfen, denn sie arbeiten quasi rund um die Uhr. Sie sind vielfach auch mit Repressionen konfrontiert, die nicht selten zum Verlust ihrer Arbeit, manchmal aber auch zur Gefährdung ihrer Gesundheit oder gar ihres Lebens führen. Umso höher ist der große Mut einzustufen, den diese Menschen aufbringen, um sich gegen die Auswüchse jener „westlichen" Konzerne zu stellen, die uns Konsumierenden dann die aufpolierten Konsumgüter anbieten.

## Asien: Widerstand unter schwersten Bedingungen

Beginnen wir in Indien, dem maßgeblichen Erzeugerland von Leder, das sich unter anderem in unserem Reebok-Sportschuh findet. Diejenigen, die ihre Gesundheit zerstören, um die Tierhäute mit Chemikalien zu verarbeiten, gehören oft der Kaste der Dalit an – der auch heute noch viel zu oft „Unberührbaren". Sie führen ein Leben am Rande der indischen Gesellschaft und werden Opfer von Ausgrenzung und Übergriffen. Ihr Elend wurde viel zu selten thematisiert, bis zwei Fälle im Frühjahr 2020 das Fass zum Überlaufen brachten. Wieder waren innerhalb von nur einer Woche gleich zwei junge weibliche Angehörige dieser Bevölkerungsgruppe brutal von Männergruppen vergewaltigt und schwer gefoltert worden. Sie erlagen ihren schweren Verletzungen und ihr Tod sorgte für großes öffentliches Aufsehen und Proteste in mehreren Teilen des Landes. Das war der Startpunkt weiterführender Debatten rund um die Stellung von Frauen in Indien und der Dalit im Besonderen.

Im Zusammenspiel mit den seit Monaten schwelenden Protesten gegen eine Liberalisierung des Arbeitsschutzes und den prekären Bedingungen in der Landwirtschaft hat dies zu breiten, kastenübergreifenden Solidarisierungseffekten in der indischen Zivilgesellschaft geführt. Auch wenn Strukturen wie Gewerkschaften in Indien schwach sind und die Regierung von Premierminister Narendra Modi nicht davor zurückschreckt, mit Gewalt gegen Demonstrierende vorzugehen, so ist eine Dynamik im Gange, die das Potenzial für eine grundsätzliche Veränderung in sich trägt. Egal ob es um Landraub oder die schlechten Arbeitsbedingungen in den Textilfabriken geht – am Ende der Kette stehen immer multinationale Konzerne, die viel Geld damit verdienen, dass viele Menschen in Indien arm sind und arm bleiben.

Wenig anders ist es im benachbarten Bangladesch, das eine Zuliefer-Hochburg für globale Textilien ist. Über 7.000 Fabriken beliefern Konzerne wie H&M, Zara und Gap.[175] Auch dort kommt es regelmäßig zu Streiks gegen die unerträglichen Arbeitsbedingungen in den Fabriken. Und zwar nicht erst seit dem Einsturz eines Gebäudes, dem sogenannten Rana-Plaza-Unglück, das 2013 zum Tod von mehr als 1.100 Näher*innen führte. Die Polizei reagiert mit Gewalt, die Unternehmen mit Massenentlassungen. Die Arbeiterinnen und Arbeiter zählen zu den am schlechtesten bezahlten Tagelöhner*innen der Welt.

Ähnlich ist die Situation in Vietnam, wo unter anderem auch die Reebok-Schuhe zusammengenäht werden. Tausende Arbeiter*innen eines Adidas-Zulieferers sorgten dort etwa 2015 für internationales Aufsehen, als sie ihre Arbeit niederlegten, um gegen eine weitere Schlechterstellung ihrer ohnehin schon miserablen Absicherung zu streiken. Auch 2016 streikten wieder Tausende, wieder bei einem Adidas-Zulieferer, als es zu ungerechtfertigten Abzügen beim Lohn kommen sollte.

In regelmäßigen Abständen wiederholen sich diese Proteste, die aber so gut wie nie medial wahrgenommen werden. Noch einmal rund 2.000 Kilometer Luftlinie östlich, in China, werden bekanntlich essenzielle Komponenten des iPhones hergestellt. Was in den Fabriken des taiwanesischen Riesen Foxconn passiert, der am chinesischen Festland bis zu 800.000 Menschen beschäftigt, haben wir bereits dokumentiert. Doch in China steigen die Arbeitskonflikte generell massiv an. Allein im Jahr 2016 waren es fast 1,8 Millionen Arbeitskämpfe, die vom Ministerium für Personalwesen und soziale Absicherung registriert wurden.[176]

Die Proteste bei Walmart China, der chinesischen Tochter des US-amerikanischen Handelskonzerns **Walmart**, dem mit über **550 Milliarden Dollar Umsatz** und zwei Millionen Beschäftigten **größte private Arbeitgeber der Welt**[177], wegen schlechter Bezahlung und miesen Arbeitsbedingungen sind gut dokumentiert, auch die Besetzungen von Textilfabriken. Und diese Einzelaktionen gewinnen an Dynamik.

Auch wenn es keine freien Gewerkschaften in der Volksrepublik gibt, so nimmt doch der selbstorganisierte Widerstand zu. Die Arbeitsbedingungen bleiben für viele prekär, auch und gerade in der Corona-Krise. Hunderte Essenslieferanten haben etwa in Peking gestreikt, weil der Boom der Plattformökonomie auch in

China zu Arbeitsverhältnissen ohne soziale Absicherung, ohne Arbeitsverträge und ohne Krankenversicherung führt. Die kommunistische Führung reagiert darauf wie gewohnt und lässt die Protestierenden verhaften.[178] Das ändert aber nichts daran, dass sich immer mehr Chines*innen in sozialen Netzwerken über ihre schlechten Arbeitsbedingungen beschweren und damit Druck aufbauen, die auch hier letztlich von Konzernen ausgehende Ausbeutung gesetzlich zu unterbinden.

## Afrika: Ein Rechtsstreit, der alles verändern kann

In der Demokratischen Republik Kongo (DRC), wo sehr viele Rohstoffe für das iPhone herkommen, möchten wir als Beispiel einen aktuellen Rechtsstreit hervorheben, der seit 2019 anhängig und unmittelbar mit der Tech-Branche verbunden ist.[179] Er handelt von der Klage von 14 Familien gegen fünf multinationale Konzerne, nämlich Apple, Dell, Google, Microsoft und Tesla. Die Familien werfen diesen Konzernen eine Mitschuld an schweren Verletzungen beziehungsweise dem Tod von 16 ihrer Kinder beim Abbau von Kobalt in Minen vor, die für Produkte dieser Unternehmen verwendet werden. Es ist ein historisches Verfahren. Denn zum ersten Mal in ihrer Geschichte werden die Konzernriesen dadurch rechtlich zur Verantwortung gezogen für die Herkunft der Rohstoffe, die in ihren Lithiumbatterien verwendet werden.

Die in der Klagschrift vorgebrachten Schilderungen der Kinder über die Arbeit in den Minen markiert auch global einen Wendepunkt. Es erheben sich damit erstmals direkt die Opfer der letzten Lieferketten-Stufe gegenüber jenen, die am exakt anderen

Ende stehen. Wörtlich heißt es dort: „Die Beklagten wissen und wussten seit geraumer Zeit, dass der Kobaltbergbausektor der DRC von Kindern abhängig ist, wobei Männer die gefährlichsten Arbeiten in den primitiven Kobaltminen, einschließlich des Tunnelgrabens, ausführen."[180] Die Beschwerdeführer bezeichneten die Kobalt-Lieferkette als ein „Unternehmen", das von vornherein versteckt und geheim angelegt ist, um vom billigen Abbau von Kobalt zu profitieren, „das unter extrem gefährlichen Bedingungen von verzweifelten Kindern abgebaut wird, die gezwungen sind, extrem gefährliche Arbeiten ohne jegliche Sicherheitsausrüstung zu verrichten". Die Konzerne hätten demnach gewusst, was sie taten, und seien daher mitverantwortlich dafür, was vor Ort passiere.

Mitte 2020 veröffentlichten die fünf beklagten Konzerne eine Erwiderung. Sie stützten sich dabei auf drei wesentliche Argumente der Abwehr. Zunächst argumentierten sie, dass sie eben nur Teil einer Lieferkette seien, nicht aber ein Unternehmen im Sinne des US-amerikanischen „Trafficking Victims Protection Reauthorization Act" (TVPRA). Schon allein deswegen könnten sie nicht zur Verantwortung gezogen werden. Dann führten sie aus, dass die Kinder nicht im Sinne des Gesetzes durch Androhung von Gewalt oder Schaden zur Arbeit gezwungen worden seien. Hunger, Perspektivenlosigkeit oder die pure Verzweiflung seien in diesem Sinne nicht als „Gewalt" anzusehen. Und schließlich erklärten sie, dass sie nicht das erforderliche Wissen über die Missbräuche in den betreffenden Förderstätten besitzen würden und dass ein allgemeines Wissen über grundsätzliche Missstände in einer Lieferkette nicht ausreiche, um eine direkte Haftbarkeit abzuleiten.[181] In anderen Worten: Die Konzerne weisen jede Schuld von sich und fühlen sich zu Unrecht angeklagt.

Das immer noch anhängige Verfahren und die unterschiedlichen Seitenstränge der Argumentation der Tech-Giganten offenbaren die Tragweite der Auseinandersetzung. Während Apple, Dell, Google, Microsoft und Tesla argumentieren, dass sie nicht zur Verantwortung gezogen werden können für Aktivitäten entlang ihrer Lieferkette, von denen sie nichts wissen können, erwidern Fachleute, dass keines der genannten Unternehmen sich nicht der Gefahren bewusst sei, die mit der Beschaffung der eingesetzten Materialien verbunden ist. Jeder Konzern nehme eine Gefahrenabschätzung vor, wenn er ein neues Geschäftsfeld eröffne oder einen Liefervertrag eingehe, es sei daher unglaubwürdig, dass es im Falle der Kobalt-Versorgung anders sei.

Wie auch immer das Verfahren am Ende ausgeht, es ist schon jetzt ein historischer Akt der Verteidigung von Opfern und ihrer Angehörigen gegen die primären Nutznießer von globaler Ausbeutung. Und in diesem Sinne ein idealtypisches Beispiel dafür, wieso es ein Lieferkettengesetz braucht – also die rechtlich abgesicherte Möglichkeit, multinationale Konzerne dafür haftbar zu machen, was entlang ihrer Lieferketten an Verletzungen von Menschen und Umweltstandards passiert.

## Europa:
## Die Ausgebeuteten begehren auf

Nach Asien und Afrika wollen wir uns zum Abschluss nun auch noch die Länder Europas ansehen, in denen Ausbeutung und Zerstörung für die Erzeugung unserer Konsumgüter leider nach wie vor gelebte Praxis ist. Aber auch hier regt sich dagegen Widerstand. Das ist insofern von entscheidender Bedeutung, weil die europäischen Konzerne hier, am Ort ihrer schicken Hauptquartiere und den Stätten ihrer Profitgenerierung, weitaus direkter für den öffentlichen Protest erreichbar sind als in den Ländern der Rohstofferzeugung. Und es besteht dadurch die Chance, dass die vielfach unbewusst Konsumierenden der Früchte von Ausbeutung sich mit den unterdrückten Erzeugenden solidarisieren, die manchmal wenige Kilometer von ihnen entfernt ihr elendes Dasein fristen.

Ganz am Beginn des Buches haben wir als Beispiel die deutsche Fleischindustrie gebracht. Wir haben die gigantischen Schlachtfabriken beleuchtet, in denen die Beschäftigten für einen miserablen Lohn schuften. Und wir haben die von den Subunternehmen an sie vermieteten baufälligen Behausungen thematisiert, in denen die Arbeitenden nach 14 oder 16 Stunden kurz zum Rasten kommen.

Solche Fabriken gibt es aber auch in Spanien, immer größere Teile der europäischen Fleischerzeugung werden aktuell in dieses Land verlagert, auch von Konzernen wie Tönnies. Das hat mehrere Gründe, unter anderem die geringeren Umweltstandards oder ihre mangelnde Kontrolle, aber auch die Verfügbarkeit von extrem billigen sogenannten „Humanressourcen", dem zentralen Kostentreiber der Industrien. Viele Unternehmen können sich in Spanien auf den Einsatz von illegal arbeitenden Menschen stützen, die sie ausbeuten können. Es sind Personen, die zum Beispiel von Marokko aus über das Meer nach Spanien geflüchtet sind, auf der Suche nach einem besseren Leben. In selbstgebauten Behausungen lebend, schuften sie auf den Feldern und in den fensterlosen Hallen der europäischen Lebensmittelindustrie. Sie sind dabei der puren Willkür ihrer Vermittler ausgeliefert, wie wir es auch schon am Beispiel der italienischen Erntearbeiter*innen in der Tomatenproduktion gesehen haben.

Doch sie sind dabei nicht allein und verschaffen sich zunehmend Gehör.

So kam es im Jahr 2020 zu Streiks und Demonstrationen in mehreren spanischen Städten, zu denen über 1.000 Gruppierungen landesweit aufgerufen hatten. Die Kernforderung war die Legalisierung des Aufenthaltsstatus der Ausgebeuteten, deren Gruppe allein in Spanien auf über 600.000 Menschen geschätzt wird.[182]

In Italien zählt die Organisation „No Cap" zu den wichtigsten Institutionen des selbstorganisierten Widerstands. Ihr Name leitet sich von den „Caporalato" genannten Vorarbeitern ab. Sie wurde von Yves Sagnet gegründet, einem in Italien lebenden ehemaligen Erntehelfer aus Kamerun, der 2011 erstmals einen Streik ins Leben rief, um auf die miserablen Bedingungen in der italienischen Landwirtschaft aufmerksam zu machen.

Laut „No Cap" sind über **1,3 Millionen Menschen** im italienischen Agrarsektor tätig, viele von ihnen arbeiten **undokumentiert** und sind damit **schutzlos**.

Doch Initiativen wie „No Cap" zeigen nicht nur Missstände auf und organisieren Akte des Protests dagegen, sondern arbeiten auch an Lösungen – etwa indem über ein neues Gütesiegel mehr Fairness entlang der Lieferketten geschaffen wird. Vom Feld bis zum Teller soll durch den gleichberechtigten Einbezug derer, die für die Erzeugung verantwortlich sind, die Ausbeutung von Menschen unterbunden werden.

Allerdings ist nicht nur die Erzeugung vielfach hochproblematisch organisiert, auch die Verteilung der Konsumgüter – ob Lebensmittel, Bekleidung oder technische Geräte – basiert auf der Ausbeutung von Menschen. Wir sprechen mittlerweile von einer „Neuen Arbeiter*innen-Klasse" von Prekären, etwa den Paket- oder Essenszusteller*innen. Mit dem Voranschreiten der Digitalisierung wächst ihre Anzahl unaufhörlich, was durch die Corona-Krise noch verstärkt wurde. Zusteller*innen, die nicht angestellt, sondern als „Selbstständige" in der Selbstausbeutung gefangen sind, bringen uns immer mehr Dinge des täglichen Lebens. Sie arbeiten eng mit den Konzernen zusammen, ob mit jenen aus dem Handel oder aus der Industrie, die sich im wahrsten Sinne des Wortes auf ihre Rücken als essenzielle Brücke auf der „letzten Meile" stützen, also den letzten Metern zu den Wohnungen der Konsumierenden. Auch sie beginnen sich zu organisieren und für Anstellungen und Absicherungen zu kämpfen.

Um unsere Verantwortung als Konsumentinnen und Konsumenten in diesem System wahrnehmen zu können, ist es entscheidend, dass wir die einzelnen Glieder dieser unendlich langen Kette erkennen. Und unsere eigene Rolle in dieser Verkettung wahrnehmen.

Es beginnt bei dem schwarzen Kind in der kongolesischen Kobaltmine und endet mit dem jungen Geflüchteten, der uns das iPhone nach Hause liefert, das wir zuvor online bestellt haben. Auf dem Weg dazwischen werden Milliarden an Profiten generiert, aber auch Tausende Menschen ausgepresst zurückgelassen.

Wie können wir unserer Pflicht nachkommen, diese Dynamik zumindest nicht weiter zu unterstützen? Können Gütesiegel daran etwas ändern? Gibt es echte Alternativen, die uns erlauben, uns von den Lieferketten der Konzerne unabhängig zu machen? Welche Möglichkeiten haben wir wirklich, wenn wir als Individuen und auch im Kollektiv nicht länger ein Teil dieses Systems sein möchten? Haben wir die Chance auf einen grundsätzlichen Wandel?

## Von der Freiwilligkeit zur Verbindlichkeit

Es ist so etwas wie der Leitspruch des Neoliberalismus, eine Art viel zitierter Kalenderspruch, der auf dem irrigen Glauben an eine „unsichtbare Hand" oder die „Selbstheilungskräfte" der Märkte beruht: An der Kassa entscheiden wir Konsument*innen. Wie fatal falsch und letztlich absolut widersprüchlich diese Binsenweisheit ist, können wir daran erkennen, dass es seit Jahren und Jahrzehnten nachweislich nicht besser wird. Das ist in einem System, das auf Freiwilligkeit in der Beschränkung von Kinderarbeit, Tierleid oder Naturzerstörung setzt, auch gar nicht möglich. Dafür gibt es mehrere Gründe. Zum einen erkennen wir Konsumierenden oft gar nicht, was tatsächlich in unseren Konsumgütern steckt, wo sie herkommen, wie sie erzeugt wurden. Das ist kein Zufall, sondern das Ergebnis gezielter politischer Einflussnahme durch Konzerne. Es ist bezeichnend, dass es Initiativen wie das Tierschutzvolksbegehren in Österreich braucht, um eine verpflichtende Herkunftskennzeichnung von Lebensmitteln durchzusetzen. Es ist absurd, aber leider unsere Realität, dass nach wie vor Produkte im Regal angeboten werden dürfen, die auf eine Weise erzeugt wurden, die nicht nur den aktuell bei uns geltenden Gesetzen, sondern auch den universellen Menschenrechten widerspricht. Und es ist in der Logik der Konzerne nur folgerichtig, dass man die

Transparenz verhindern möchte, damit die Konsumierenden das nicht durchschauen können.

Zynisch ruft man uns dennoch dazu auf, „frei zu wählen" zwischen der schön verdeckten Zerstörung der Welt und der graduell etwas besseren Alternative, die dann aber gleich bis zu 300 Prozent mehr kostet, obwohl die höheren Produktionskosten vielleicht zehn oder 20 Prozent ausmachen. Es gibt mittlerweile hinreichend Untersuchungen, die zeigen, dass gerade Bio-Produkte von Handelskonzernen mit astronomischen Aufschlägen versehen werden, nur weil sie damit eine Käuferschicht ansprechen, die über mehr Geld verfügt. Dass das einen grob marktverzerrenden Eingriff darstellt, darüber wird nicht gesprochen. Stattdessen wird mit blumigen Worten und schönen Schaubildern an das Gewissen derer appelliert, die es sich leisten können, die Marge der Konzerne zu vergrößern. Denn genau dorthin fließt der Aufschlag, von dem in der Regel so gut wie nichts bei den Landwirt*innen landet, selbst wenn diese höhere Erzeugungskosten zu bewältigen haben, weil sie den Tieren mehr Platz zugestehen, auf Pestizide verzichten oder den Angestellten faire Löhne bezahlen.

Die Transparenz fehlt also, beim Essen gleichermaßen wie beim Smartphone, weil der Staat dabei versagt, dafür zu sorgen, dass wir auf einen Blick erkennen können, welche Entstehungsgeschichte mit dem Produkt verbunden ist. Dabei wäre das absolut machbar. Im 21. Jahrhundert kann doch niemand mehr ernsthaft behaupten, dass es nicht möglich wäre, sichtbar zu machen, von welchem Ort die Rohstoffe stammen, die für die Erzeugung verwendet wurden, oder welche Auswirkungen die Inhaltsstoffe haben. Es gibt mittlerweile sogar DNA-basierte Rückverfolgungsmethoden, die es uns erlauben, lückenlos nachzuvollziehen, was in einem Produkt steckt und wo es herkommt.

Es mangelt nicht an der Technologie, es mangelt an dem politischen Willen. Denn die Konzerne, so viel ist leider hinreichend dokumentiert, bewegen sich erst, wenn sie müssen.

Solange es keine Verpflichtung gibt, versuchen sie sich mit allerlei Tricks aus der Affäre zu ziehen. Beispielsweise mit Gütesiegeln, die nicht einmal ansatzweise halten, was sie versprechen. Wir brauchen hier nicht erneut auszubreiten, was die deutsche Journalistin und Autorin Kathrin Hartmann und andere bereits hinreichend aufgedeckt haben. Aber der Dschungel aus Gütesiegeln, die sich die multinationalen Konzerne unter willfähriger Beteiligung internationaler NGOs selbst basteln, hat einen einzigen Effekt: Verwirrung. Wenn die Konsumierenden sich nicht mehr auskennen, weil letztlich jeder Hersteller selbst entscheiden kann, ob und welches „Gütesiegel" er auf die Packung druckt, dann entwertet sich das gesamte System der Qualitäts-Auslobung.

Gerade im Zusammenhang mit Menschenrechten, Tierwohl oder Natur- beziehungsweise Klimaschutz erleben wir allerlei Absurditäten. Ob „nachhaltiges Palmöl", $CO_2$-Kompensationszahlungen oder Zertifikatshandel, es bleibt am Ende sehr oft bei der Schönfärberei, die nur in der Werbung nett klingt, aber nichts Positives bewirkt.

Dabei ist es nicht so, als ob es keine Alternativen geben würde. Wir haben uns sogar redlich bemüht, manche davon ausfindig zu machen, als wir für dieses Buch recherchiert haben. Weil wir uns etwa die Frage gestellt haben, ob wir wirklich nur die Wahl haben, die Steinofen-Pizza von Nestlé Wagner zu konsumieren oder jene von Dr. Oetker und ob alle anderen Fertigpizzen gleicher Bauart sind. Sind sie glücklicherweise nicht. Wir sind auf die Erzeugnisse der Firma Pizza & Baguette in Österreich gestoßen, die in vielfacher und positiver Hinsicht meilenweit von den Nestlé-Pizzen entfernt sind. Hier wird kein Palmöl verwendet, auf den Einsatz von gentechnisch veränderten Rohstoffen verzichtet, ja sogar größtenteils nach strengen österreichischen Bio-Standards gearbeitet. Es werden keine Farbstoffe, Geschmacksverstärker oder Konservierungsmittel beigemischt. Das Unternehmen im Eigentum der Familie Reisinger ist ein ideales Beispiel dafür, dass auch ein Produkt wie eine Tiefkühlpizza nach hohen Standards produziert werden kann und dennoch nur unwesentlich mehr kostet.

Bei dem Herzstück dieser alternativen Salami-Pizza, dem Fleisch also, wird ebenfalls auf ein Unternehmen gesetzt, das mittlerweile zum Marktführer bei Transparenz und Regionalität in der Erzeugung von Schweinefleisch zählt – die Firma Gourmetfein. Wir wollen das deswegen auch besonders hervorheben, weil es sich hierbei um den einzigen Fleischerzeuger in ganz Österreich handelt, der nachweislich und zu 100 Prozent auf regionales Fleisch aus kleinbäuerlicher Erzeugung setzt und das auch noch eidesstattlich erklärt. Hier gibt es keine Langstrecken-Tiertransporte, kein Glyphosat und keine Gentechnik. Es wird dagegen vom Bauernhof bis zum Teller transparent gemacht, welchen Weg die Produkte genommen haben. Das ist insofern auch bemerkenswert, als dass diese Transparenz tatsächlich überprüfbar ist.

Dieser Aspekt ist nicht unwesentlich, denn er unterscheidet das Unternehmen in einem zentralen Punkt von den Konzernen: Glaubwürdigkeit. Behaupten kann man viel, doch wenn der Unternehmenseigentümer selbst juristisch haftbar dafür ist, dass auch in der Packung steckt, was darauf steht, dann entsteht eine andere Form der Verbindlichkeit. Hier kann gerichtlich geahndet werden, wenn es zu Verstößen gegenüber den notariell beglaubigten Versprechungen kommt. Das sollte eigentlich selbstverständlich sein, ist jedoch im gesamten deutschsprachigen Raum noch relativ einzigartig. Und genau das muss sich ändern, bei Lebensmitteln genauso wie bei der Kleidung, wenn wir wollen, dass die Wirtschaft langfristig zu einem fairen Zusammenspiel wird.

Durch Bitten und Betteln erreichen wir das allerdings nicht. Auch wenn wir uns darüber freuen, dass es ein paar mustergültig arbeitende Unternehmen gibt, die uns schon jetzt Alternativen anbieten, die wir ruhigen Gewissens konsumieren können, so kann das nicht das Ende unserer Bemühungen sein. Es muss ganz im Gegenteil der entscheidende Ansporn sein dafür zu sorgen, dass verbindlicher Standard wird, was diese Muster-Betriebe heute schon vorleben.

Das zu erreichen, gelingt nur auf gesetzlicher Basis. Wir müssen erreichen, dass alle Unternehmen verpflichtend dokumentieren müssen, woher ihre Rohstoffe kommen und unter welchen Bedingungen sie erzeugt wurden. Wir müssen verlangen können, dass diese Unternehmen sicherstellen, dass die bezogenen Vorerzeugnisse nicht unter Verletzung von Menschenrechten und Umweltstandards entstanden sind. Und wir müssen sie haftbar machen können, wenn sie nachweislich dagegen verstoßen. Nur so werden wir das System grundsätzlich ändern, nur so entstehen mündige Konsumierende.

# Initiativen für die Nachverfolgung der Lieferkette

Abseits der individuellen Ebene, dem persönlichen Konsum, können und müssen wir über die gemeinschaftliche Handlung eine Änderung der gesetzlichen Rahmenbedingungen herbeiführen. Wir haben gesehen, wie Konzerne geschickt im „Standortwettbewerb" den für sie günstigsten Platz wählen, um ihre Waren zu produzieren – sie gehen dorthin, wo die Löhne am niedrigsten und die staatlichen Institutionen am schwächsten sind. Sie verlagern die Produktion aus unserer Sichtweite und aus unserer Zugriffsmöglichkeit. Denn was in Thailand, China oder dem Kongo passiert, das erfahren wir in der Regel nicht. Und selbst wenn wir darüber Bescheid wissen – eine rechtliche Handhabe dagegen haben wir dann noch lange nicht.

Wir müssen daher dort anfangen, wo viele Konzerne ihre Sitze haben und wo sie ihre Profite generieren – hier, bei uns in Europa. Hier, wo sie es mit starken Rechtsstaaten zu tun haben, mit einer handlungsfähigen Zivilgesellschaft und einer Medienlandschaft, die trotz des gewaltigen Drucks immer noch weitestgehend unabhängig agieren kann.

Wir haben uns lange die Frage gestellt, welche Maßnahmen wir setzen können, um einen Beitrag zur Veränderung zu leisten – über den eigenen Tellerrand und den eigenen Kleiderkasten hinaus. Die Initiierung und Unterzeichnung von Petitionen sind wichtige Elemente, doch am Ende sind wir davon abhängig, dass jemand sie sich ansieht, dass die Entscheidungsträger*innen ihre Schlüsse und Handlungen daraus ableiten. Was es braucht, das ist ein Gesetz, das die Konzerne dazu verpflichtet, ihrer Verantwortung, ihrer unternehmerischen Sorgfalt nachzukommen.

Es gibt dazu bereits viele Vorschläge, die in europäischen Ländern zirkulieren, bereits eingeführt wurden oder kurz davorstehen, implementiert zu werden. Gemeinhin unter dem Begriff „Lieferkettengesetz" bekannt oder als Gesetz zur unternehmerischen Sorgfalt, geht es in all diesen Bestrebungen darum, dass Großunternehmen ihren Beitrag zur Durchsetzung der internationalen Menschenrechts- und Umweltstandards leisten. Oder anders gesagt: dass auch sie sich nicht länger davor drücken können sicherzustellen, dass sie sich nicht aktiv an Menschenrechtsverletzungen und Umweltzerstörung beteiligen, die entlang ihrer Lieferkette passieren. Es ist zutiefst widersinnig, dass das noch nicht geltendes Recht ist.

Im Grunde umfassen alle Vorschläge in der ersten Anforderungsstufe einer solchen gesetzlichen Grundlage eine Dokumentationspflicht über die gesamte Lieferkette. Das heißt etwa, dass Nestlé Wagner, Apple oder Adidas dazu verpflichtet werden sollen, die exakte Herkunft ihrer Rohstoffe festzuhalten, sofern sie das nicht ohnehin bereits tun. Vom Feld, der Mine oder der Fabrik bis in die eigenen Produktionsstätten. Die Konzerne müssen wissen und offenlegen können, woher die Tomaten, das Kobalt oder das Leder stammen und wie diese in den einzelnen Zwischenstationen verarbeitet wurden.

Natürlich wird daraus auch abgeleitet, dass vor dem Hintergrund dieser Transparenz nur noch jene Zulieferer beauftragt werden, die nachweisen können, dass sie sich nicht auf Raubbau stützen. Die verpflichtende Dokumentation führt in diesem Sinne zwingend zur qualitativen Selektion, denn wenn Unternehmen gesichertes Wissen darüber besitzen, aus welchen Quellen ihre Lieferanten die Erzeugnisse beziehen, können und müssen sie – allein schon zur eigenen rechtlichen Absicherung – auf jene Produkte setzen, die mit den eigenen Standards übereinstimmen.

Wir können schließlich nicht die Kinder in den Minen oder die Frauen in den Textilfabriken dafür verantwortlich machen, dass sie ausgebeutet werden. Wir müssen jene zur Rechenschaft ziehen, die den Auftrag dafür geben – und das sind die multinationalen Konzerne, die die Pizza, das Smartphone oder den Sportschuh ins Regal stellen. Wenn sie ihren Lieferanten den Auftrag geben, nur noch jene Waren zu liefern, die garantiert unter Einhaltung menschenrechtlicher und ökologischer Mindeststandards erzeugt wurden, dann werden sie das auch erhalten. Immerhin sind die Produzenten im Globalen Süden von diesen Aufträgen abhängig, sie orientieren sich an dem, was die Auftraggeber vorgeben. Es muss also präventiv, vor Auftragsvergabe, geprüft werden, ob die Auftragnehmer in der Lage sind, diese Anforderungen überhaupt zu erfüllen. So wie sie gewisse Qualitätsstandards einhalten müssen, sollten sie auch für die Einhaltung der Standards in Bezug auf Menschenrechte und Umweltverträglichkeit garantieren müssen. Das ist ein wesentlicher Eckpfeiler eines Lieferkettengesetzes.

Nun wird gerne damit argumentiert, dass dann die Kosten in die Höhe schnellen würden und die Konsumierenden nicht mehr bereit oder in der Lage wären, die Produkte zu kaufen. Das ist ein beliebter Trick, um die Verantwortung zu transferieren – nicht länger die Produzent*innen, sondern die Konsument*innen sind dann schuld an den ausbeuterischen Arbeitsbedingungen und den verheerenden Folgen für die Umwelt, weil sie vermeintlich nicht bereit sind, mehr zu bezahlen. Dabei beziffert eine Studie der Europäischen Kommission die Mehrkosten, die Konzernen für die Implementierung eines entsprechenden Sorgfaltssystems entstehen, auf weniger als 0,01 Prozent ihres Umsatzes.[183] Die Sicherstellung von transparenten Lieferketten und die Dokumentation der Einhaltung internationaler Standards würde nur einen verschwindend geringen Aufwand für die großen Konzerne bedeuten.

Das ist übrigens ein wesentlicher Knackpunkt, denn ein Lieferkettengesetz hat primär die ganz großen Firmen im

Visier, nicht den Friseurladen, den Schusterbetrieb oder das Restaurant um die Ecke. Diese Unternehmen verfügen nicht über die Kapazitäten, um eine solche Dokumentationsleistung zu erbringen, sind aber auch nicht die Auftraggeber von Ausbeutung und Zerstörung. Sie beziehen selbst vom Großhandel das, was andere in aller Welt erzeugen lassen. Daher richten sich die bestehenden Vorschläge für ein Lieferkettengesetz immer an Unternehmen ab 300, 500 oder 1.000 Beschäftigten – an die Konzerne eben, von denen es in Europa Tausende gibt.

Die Grundprinzipien einer solchen Regel müsste aber natürlich auch für Konzerne außerhalb der Europäischen Union gelten, die Zugang zum EU-Binnenmarkt erlangen wollen. Nach der verpflichtenden Dokumentation und der daraus abgeleiteten zwingenden Beschaffung von Vorerzeugnissen aus garantiert einwandfreier Quelle ist die Frage der Haftung der zweite zentrale Baustein eines Lieferkettengesetzes. Was passiert, wenn nachgewiesen wird, dass im Schuh weiterhin Kinderarbeit steckt? Hier sehen Fachleute die Notwendigkeit für strenge Haftungsregeln. Demnach sollen Unternehmen zu finanzieller oder nichtfinanzieller Entschädigung verpflichtet werden, wenn sie ihrer Verantwortung nicht nachgekommen sind und es daher zu Verletzungen von Menschenrechten oder Umweltstandards entlang ihrer Lieferketten gekommen ist. Im Entwurf für das aktuell in Implementierung befindliche deutsche Sorgfaltspflicht-Gesetz sind Strafzahlungen sowie der Ausschluss von öffentlichen Ausschreibungen vorgesehen, die kontrollierende Stelle ist eine Bundesbehörde. Das Europäische Parlament möchte zudem auch den Zugang zu Rechtsmitteln für Geschädigte ermöglichen und hat das in seinem Bericht im Vorfeld der Diskussion über ein europäisches Lieferkettengesetz als wesentlichen Bestandteil formuliert.[184]

Um aber den europäischen Markt vor verzerrenden Effekten zu schützen, der sich durch den Import von Gütern ergibt, die nicht nach diesen Standards erzeugt wurden, schlägt das Europäische Parlament ein Importverbot vor. Produkte, die nachweislich unter Verletzung von Menschenrechten und Umweltstandards erzeugt wurden, dürften demnach nicht mehr in die Europäische Union eingeführt werden. Das wäre tatsächlich ein effektiver Hebel, um sicherzustellen, dass die europäischen Standards auch tatsächlich in Europa vollumfassende Gültigkeit erlangen. Die Berichterstatterin des EU-Parlaments, die Abgeordnete Lara Wolters, formuliert das Ziel für das EU-Lieferkettengesetz wie folgt: „Unternehmen werden nicht länger in der Lage sein, Menschen und den Planeten zu schädigen, ohne zur Rechenschaft gezogen zu werden. Die neuen Regeln werden Unternehmen rechtlich dafür verantwortlich machen, Risiken in ihrer gesamten Wertschöpfungskette zu vermeiden und zu begrenzen. Sie werden den Opfern einen Rechtsanspruch auf Unterstützung und Wiedergutmachung geben und Fairness, gleiche Wettbewerbsbedingungen und Rechtsklarheit für alle Unternehmen, Arbeitnehmer und Verbraucher gewährleisten."[185]

Was am Ende im Entwurf der Europäischen Kommission enthalten sein wird, der für Juni angekündigt und dann auf Druck der Industrie auf Winter 2021 verschoben wurde, bleibt abzuwarten. Doch das massive Lobbying, das von der Vertretung der Konzerne bereits jetzt ausgeübt wird, zeigt, wie stark sie sich bedroht fühlen von einer gesetzlichen Regelung, die sie letztlich nur dazu verpflichten würde einzuhalten, was den Menschenrechten und internationalen Umweltstandards entspricht.

Dass es nicht unmöglich ist, strengere Vorschriften für Großunternehmen zu erlassen, zeigen in den vergangenen

Jahren gleich mehrere europäische Länder. In den Niederlanden etwa sind Unternehmen seit 2019 mit dem „Child Labour Due Diligence Law" gesetzlich verpflichtet, Maßnahmen zur Eindämmung von Kinderarbeit zu setzen. Unternehmen müssen proaktiv und präventiv ermitteln, ob es entlang ihrer Lieferketten zu Kinderarbeit kommt, und im Verdachtsfall entsprechend reagieren. Das Gesetz ist ein erster Schritt, wird aber für den engen inhaltlichen Fokus und die fehlende Sanktionsmöglichkeit kritisiert.

Weiter ist man da schon in Frankreich, wo Unternehmen nach einem fast vierjährigen Gesetzgebungsverfahren im Jahr 2017 mit dem „Loi de Vigilance" weitergehende Sorgfaltspflichten auferlegt wurden. Diese betreffen gleichermaßen Menschenrechte und Umweltstandards. Große Unternehmen, de facto sind etwa 150 Konzerne davon betroffen, sind dazu verpflichtet, einen jährlichen Sorgfaltspflichtenplan zu erstellen, in den auch die Zulieferer einbezogen werden müssen. In der Praxis wird das französische Gesetz zwar für seinen Anspruch gelobt, für seine mangelnde Durchsetzbarkeit aber kritisiert. Konzerne müssen nur dann haften, wenn nachgewiesen werden kann, dass die mangelnde Sorgfaltspflicht dazu geführt hat, dass ein Schaden entstanden ist.

In Großbritannien gibt es seit 2015 mit dem „UK Modern Slavery Act" ein schwaches Instrumentarium, das ebenfalls nur eine Berichtspflicht vorsieht. Unternehmen sollen demnach nachweisen, was sie unternehmen, um Sklaverei und Menschenhandel in ihrer Lieferkette zu unterbinden. Jedoch gibt es keine Notwendigkeit, konkrete Maßnahmen zu ergreifen, kein staatliches Monitoring, keine Sanktionen und entsprechend wirkungslos ist der vielversprechende Ansatz geblieben.

In der Schweiz ist eine Initiative für unternehmerische Sorgfalt, die weithin als „Konzernverantwortungsinitiative" bekannt wurde, zwar mehrheitlich von der Bevölkerung angenommen worden, letztlich dann aber Ende 2020 knapp am Votum der Stände gescheitert. Auch wenn die Initiator*innen sich nicht durchsetzen konnten, haben sie eine grundlegende Dynamik in Gang gesetzt. Das schweizerische Parlament hat einen Gegenentwurf angenommen, der vorsieht, dass Unternehmen mit mehr als 500 Vollzeit-Beschäftigten dazu verpflichtet werden, zu Themen wie Umwelt, Korruption und Menschenrechten in jährlichen Berichten Stellung zu beziehen und insbesondere hinsichtlich Kinderarbeit auch präventiv eine Sorgfaltsprüfung durchzuführen.

In Österreich gibt es spätestens seit unserer Bürgerinitiative für ein Lieferkettengesetz, die von der von uns 2021 gegründeten Gemeinwohlstiftung COMÚN organisiert und von einem unabhängigen Komitee getragen wird, auch Bewegung in diese Richtung. Kernstück der Initiative ist einerseits die Maximalforderung des Europäischen Parlaments, also ein Importverbot für Produkte, die nicht nachweislich frei von Verletzungen von Menschenrechten und Umweltstandards sind. Andererseits geht es natürlich auch darum, die Verpflichtung zur Dokumentation und Sorgfalt entlang der gesamten Lieferkette für Großunternehmen zu erwirken. Unter dem Motto „1 Gesetz – 1.000 Lösungen" kämpft die Initiative für eine nationale Regelung, gleichermaßen aber auch für die entsprechende Positionierung Österreichs auf europäischer Ebene. Sie wird dabei von mehreren Regierungsmitgliedern unterstützt und erfreut sich großen Zuspruchs in der mittelständischen Wirtschaft.

Doch der Widerstand der Konzerne gegen all diese Versuche, sie zu mehr Sorgfalt zu verpflichten, ist und bleibt groß. Wenig überraschend kritisierte etwa Adidas-Chef Kasper Rorsted, dass das im Juni 2021 beschlossene deutsche Lieferkettengesetz „die deutsche Industrie bestrafen" würde.[186] Damit ist er nicht allein, auch der Verband der deutschen Textil- und Modeindustrie übte heftige Kritik. Demnach würden die deutschen Produzenten einen Nachteil im internationalen Wettbewerb durch ein „weiteres Bürokratiemonstrum"[187] erhalten. Wieder also das Argument mit den Kosten, mit dem erhöhten Aufwand, wieder der Hinweis auf die Konkurrenzsituation. Glücklicherweise wurde das Gesetz dennoch beschlossen, was zwar noch lange nicht die Erreichung des Wunschzustandes, aber zumindest einen Anfang darstellt. Ab 2023 gilt das Gesetz für deutsche oder in Deutschland tätige ausländische Unternehmen mit Zweigniederlassung oder Tochterunternehmen mit über 3.000 Beschäftigten, ein Jahr später wird es dann für jene mit mehr als 1.000 Beschäftigten in Kraft treten. Bis zu zwei Prozent des Jahresumsatzes können als Strafe dafür verhängt werden, wenn Konzerne es unterlassen, gegen die Verletzung von Menschenrechten oder Umweltstandards in ihrer Lieferkette vorzugehen. Auch wichtig: Bei Verstößen können Unternehmen bis zu drei Jahre für die Teilnahme an öffentlichen Ausschreibungen gesperrt werden.

Zwar konnte die zivilrechtliche Haftung der Unternehmen oder ihrer Leitungsorgane letztlich im beschlossenen Gesetz nicht durchgebracht werden, womit etwa Klagen von Betroffenen hätten eingebracht werden können. Doch zum ersten Mal wird die globale Verantwortung unternehmerischen Handelns von Konzernen entlang ihrer Lieferketten rechtlich adressiert. Entwicklungsminister Gerd Müller, maßgeblicher Geburtshelfer des deutschen Gesetzes, bezeichnete es wohl zu Recht als das „wichtigste Gesetz für mehr Gerechtigkeit zwischen Reich und Arm".[188]

Aus unserer Sicht ist es ein wertvoller erster Schritt, der auch Raum dafür öffnet, über die Jahre für noch mehr Verbindlichkeit zu sorgen und vor allem jene direkt in die Verantwortung zu nehmen, die Entscheidungen treffen und an den auf diese Weise erwirtschafteten Gewinnen der Unternehmen direkt profitieren. Nur so kann letztlich sichergestellt werden, dass bei strategischen Entscheidungen auf Vorstandsebene und auch bei ihrer Kontrolle in den Aufsichtsräten die verantwortlichen Personen nicht einfach wegschauen, wenn Menschen und Umwelt ausgebeutet werden, nur weil es für sie persönlich lukrativ sein mag.

Wie sehr auch klein- und mittelständische Unternehmen diese Initiativen für mehr Fairness in der Wirtschaft unterstützen, zeigt sich an dem breiten Schulterschluss im Vorfeld der Kampagne für ein Lieferkettengesetz in Deutschland, oder jener in der Schweiz, an der sich insgesamt Hunderte klein- und mittelständische Unternehmen beteiligt hatten. Sie alle erkennen in den neuen Regulativen eine Chance für mehr Fairness in der Wirtschaft. Denn gerade die kleinen und mittleren Unternehmen können nicht mithalten bei den ausgelagerten Produktionseinheiten der Multis. Während sie ihre Beschäftigten nach nationalem Recht anstellen und entlohnen müssen, ihre Rohstoffe oftmals regional beziehen, können Konzerne auf Billiglohnländer und Produkte aus zweifelhaften Quellen zurückgreifen. Es ist demnach in ihrem ureigensten Interesse, dass Großkonzerne zu Transparenz und Sorgfalt verpflichtet werden und haftbar gemacht werden können, wenn sie dagegen verstoßen.

Es ist vielleicht einer der zentralen Punkte in der Auseinandersetzung, die wir in den nächsten Monaten und Jahren rund um das Thema unternehmerische Sorgfalt erleben werden: Es geht hier nicht um Unternehmertum per se, es geht um Verantwortungslosigkeit. Das ist das Gegenteil dessen, was viele Unternehmer*innen antreibt, die ja genau deswegen selbst unternehmerisch aktiv geworden sind, weil sie im Rahmen ihres betrieblichen Handelns eine Verantwortung übernehmen – nicht nur für ihre Erzeugnisse, sondern auch für die Menschen, die diese mit ihnen herstellen. Und für die Umwelt, in der sie entstehen und in der sie am Ende auf die eine oder andere Weise wieder landen.

# AUSBLICK

Wir möchten dieses Buch mit einem Appell beschließen. Denn wir haben es nicht nur als Sammlung von Fakten und Berichten geschrieben, sondern auch um Mut zu machen und die Hoffnung zu stärken. Wir haben es geschrieben, damit die vielen Menschen, die sich bereits auf so vielfältige Weise für eine sozial und ökologisch gerechtere Welt engagieren, erkennen, wie viele sie schon sind – und wo es überall Möglichkeiten gibt, sich ihnen anzuschließen.

Wir haben eingangs erzählt, wie wir selbst, überwältigt von dem Schrecken der Welt, oft damit hadern, uns zurückzuziehen, den Verlockungen des Neo-Biedermeier nachzugeben. Und darin bestärken uns die Konzerne ja auch tagtäglich, sie machen es uns ganz einfach, uns abzuschotten, uns auszuklinken. Dabei sind sie es, die für vieles verantwortlich sind, was uns manchmal verzweifeln lässt. Aber das Perfide dabei ist, je mehr wir uns abwenden, desto schlimmer wird es. Die Klima- oder die Corona-Krise haben viele Menschen in ihrer Annahme bestärkt, dass die Natur sich „rächen" würde für ihre Vergewaltigung durch die Menschheit. Doch die Natur ist nicht unser Feind, sie hegt auch keine bösen Absichten. Das sind Zuschreibungen, die uns hier nicht weiterbringen, die letztlich von unserer eigenen Verantwortung ablenken und vielleicht gerade deswegen so beliebt sind. Aber es ist dennoch richtig, dass die Natur darauf reagiert, was wir machen – oder eben unterlassen. Die Krisen, die wir erleben, im ökologischen wie im sozialen Bereich, sie alle sind menschengemacht. Und können auf lange Sicht daher auch von uns gelöst werden, kurzfristig aber können wir zumindest dazu beitragen, dass es besser wird.

Der erste Schritt wird mit dem Bewusstsein gesetzt, zu dem wir hoffentlich mit diesem Buch einen Beitrag geleistet

haben. Wir wollten aufzeigen, wie eng das Soziale mit dem
Ökologischen verbunden ist, wie organisch diese beiden
Bereiche zusammenhängen. Man kann sie nicht isoliert voneinander betrachten und das ist wohl eine der größten Her-
ausforderungen der nächsten Zeit.

Es gilt nun Grenzen zu überwinden, vor allem jene der
eigenen Befindlichkeit. Viele von uns haben es sich bequem
gemacht in den Blasen der Selbstgerechtigkeit, in die wir
unweigerlich geraten, auch weil wir uns gesund halten möchten
in dieser oft so kranken Welt. Aber – und diese Erkenntnis
hat unser Sohn in uns geweckt, viel stärker zunächst auf eine
emotionale und erst später auf eine intellektuelle Weise – wir
haben die Pflicht, uns mit dieser Welt zu konfrontieren und
sie dadurch zu gestalten. Wir machen uns keine Illusionen,
niemand wird seine Barrieren über Nacht überwinden, aber
so viele wunderbare Beispiele zeigen, dass sie überwunden
werden können. Es gibt Millionen von Initiativen auf der
ganzen Welt, in der Gleichgesinnte darauf warten, gemeinsam
und solidarisch zu wirken. Beteiligen wir uns an ihnen, wo
und wann immer wir nur können.

Wenn wir davon sprechen, Konzerne an die Kette legen zu
wollen, dann richten wir uns weder gegen die Globalisierung
noch gegen die Digitalisierung. Ganz im Gegenteil, wir anerkennen die Segnungen des 21. Jahrhunderts und die Möglichkeiten, die eine vernetzte Welt mit sich bringt. Aber wir sind
der Meinung, dass echter Fortschritt nicht auf dem Rücken
der Menschlichkeit erfolgen kann, nicht zu Lasten der nachfolgenden Generationen, denn sonst ist es kein Fortschritt.

In den vergangenen Jahrzehnten haben wir eine Globalisierung der Warenströme erlebt, aber keine Internationali-
sierung der Verantwortung. Es ist wie mit der Europäischen

Union – erst wenn sie von der Förderstruktur der Konzerne zur Solidargemeinschaft der Menschen wird, erfüllt sie endlich ihren eigentlichen Zweck und die Erwartungen der vielen Bürgerinnen und Bürger, die immer noch an die europäische Idee glauben. Der Nationalismus ist keine Antwort auf irgendetwas, aber in der Förderung von regionalen Wirtschaftskreisläufen und nachbarschaftlichem Denken liegt ein Kern der Lösung. Wir haben zugelassen, dass sich juristische Konstrukte bilden, die mächtiger und reicher sind als ganze Staaten, die über alle Grenzen hinweg ihren Vorteil suchen und alle Hindernisse beiseiteschaffen, die sie an der Maximierung ihrer Profite hindern. Das gilt es zu korrigieren. Ein Lieferkettengesetz stellt dabei einen Meilenstein dar, aber es ist natürlich noch lange nicht das Ende. Erst wenn wir dafür gesorgt haben, dass alle Menschen die Chance auf ein gutes Leben in Würde und Sicherheit haben und auch die Möglichkeit erhalten, sich ihren Neigungen, Interessen und Stärken entsprechend zu entfalten, können wir zufrieden sein.

Es ist keine Utopie, was wir hier formulieren, es ist die pure Notwendigkeit. Mehrere Länder zeigen bereits, in unterschiedlichen Schattierungen und Ansätzen, dass es möglich ist, die Systemfrage zu stellen. Denken wir an Neuseeland, das einen Fluss schützt, indem es ihn zur juristischen Person gemacht hat, oder an die Bestrebungen in Südamerika, wo den natürlichen Rohstoffen ein Wert zugeschrieben werden soll, und zwar dann, wenn sie eben nicht ausgebeutet werden.

Auch wenn der Steuersatz aus unserer Sicht viel zu niedrig bemessen wurde und Konzerne wie Amazon & Co wohl wieder Schlupflöcher finden werden, um ihrer gerechten Besteuerung zu entgehen, so zeigt der jüngst in der Runde der G7 beschlossene Entwurf für eine globale Besteuerung von digitalen Dienstleistungen und global agierenden Konzernen doch, dass etwas in Bewegung geraten ist. Wenn sogar die USA, die wahrlich nicht für eine progressive Besteuerung von Konzernen bekannt sind, nun zum Treiber für mehr Steuergerechtigkeit werden, dann sollte uns die ganze Dimension der Problematik mangelnder Verantwortlichkeit von multinationalen Konzernen bewusst werden.

Letztlich ist das, was wir verlangen, die Durchsetzung dessen, worauf wir uns nach Jahrhunderten der Auseinandersetzung geeinigt haben: die universellen Menschenrechte und die Anerkennung des Planeten als schützenswerter Lebensraum für uns und alle Lebewesen. Wir brauchen dafür nichts neu zu erfinden, wir müssen nur endlich durchsetzen, was als Anspruch bereits ausformuliert und sogar schon gesetzlich verankert ist. Doch bislang scheitern wir daran, aus den schönen Worten konsequent verbindliche Regularien zu bauen, an die sich auch diejenigen halten müssen, die über viel Geld und somit auch Macht verfügen.

Wenn wir ernst nehmen würden, was in den Deklarationen und Chartas erklärt wurde, dann könnten die meisten Konzerne in der Form, wie wir sie heute erleben, gar nicht existieren. Denn ihr Wirtschaftsmodell basiert darauf, dass sie sich eben nicht an diese Grundwerte halten. Und das ist gar nicht weiter verwunderlich, es liegt in der Natur der Sache. Der Konzern ist ein Organismus, der auf ständiges Wachstum ausgerichtet ist, der das einzige Ziel verfolgt, seinen Anteilseignern mehr Profit zu verschaffen. Das ist ein wirtschaftspolitischer Baufehler, den wir als Gemeinschaft korrigieren müssen. Denn es gibt kein unendliches Wachstum, außer beim Krebs.

Die Gewinne der 20 profitabelsten Unternehmen der Welt zusammengerechnet betragen über **650 Milliarden Dollar** pro Jahr.[189] Wir reden hier von den Gewinnen, wohlgemerkt, nicht von den Umsätzen. Eine aktuelle Studie[190] zeigt, dass rund **14 Milliarden Dollar pro Jahr** für die nächsten zehn Jahre nötig wären, um den **Welthunger zu beenden**. Also das tägliche Sterben von weltweit über 15.000 Kindern.

Wir könnten jetzt noch Dutzende Beispiele dafür anführen, in welchen Relationen wir uns bewegen, wenn wir diese riesigen – häufig unversteuerten – Gewinne der Konzerne mit den Folgekosten der maßgeblich durch sie mitverantworteten Schäden in Relation setzen. Doch wir wollen uns hier abschließend nicht mit Zahlenspielen aufhalten, sondern lediglich den Impuls setzen, die gegenwärtige Entwicklung der Welt als das zu betrachten, was sie in vielen Bereichen für viel zu viele Menschen ist: eine himmelschreiende Ungerechtigkeit. Sie zu überwinden muss unser Anspruch sein, und das geht aus unserer Sicht nur, wenn wir die Probleme auch an den Wurzeln anpacken. Denn die Konzentration von Geld und Macht bei den juristischen Konstrukten hat ein so großes Ausmaß erreicht, dass selbst der Internationale Währungsfonds mittlerweile indirekt die Zerschlagung der Konzern-Monopole empfiehlt.[191]

Es ist unerheblich, ob es sich dabei um die staatlichen Konzerne einer arabischen Diktatur oder der kommunistischen Partei Chinas handelt, ob der Eigentümer im kalifornischen Silicon Valley oder in der deutschen Provinz residiert, es geht hier nicht um nationalstaatliches Denken und auch nicht um kulturelle Präferenzen. Es geht darum, dass wir das Wohl der Menschheit nicht entlang der Boni-Bedürfnisse der Managements oder der Rendite-Begehrlichkeiten der Aktionär*innen von multinationalen Großunternehmen gestalten dürfen. Es ist höchste Zeit, dass das Gemeinwohl ins Zentrum gerückt wird – und dafür kommen wir nicht an der Auflösung der vorherrschenden Machtkonzentration vorbei. Das Lieferkettengesetz, von manchen schon als „die Mutter aller Initiativen" bezeichnet, ist tatsächlich deswegen so ein guter Anfang dafür, weil es uns in Erinnerung ruft, dass wir die Souveränität besitzen. Nicht an der Kassa oder im Onlineshop entscheiden wir uns dafür, wie sich die Welt weiterentwickeln soll, sondern über unsere Einflussnahme als Bürgerinnen und Bürger.

Wir rufen hier nicht zur Revolution auf, außer vielleicht insoweit, als dass die Rückbesinnung auf die ursprüngliche Wirkungsmacht der Menschen in der Gemeinschaft der Menschen schon geradezu einen revolutionären Akt darstellt. Die Überwindung der Entfremdung voneinander ist der erste Schritt hin zu einer gelebten Solidarität, die das Fundament einer gesamtgesellschaftlichen Veränderung ist. Denn in dem Moment, wo wir uns gemeinschaftlich gegen die Ausbeutung hier und überall richten, wo wir uns gegen die Zerstörung des Planeten erheben, in dem Moment erlangen wir die Gestaltungsmacht zurück. Gleich welchen Alters, welchen Geschlechts, gleich welcher Klasse, welcher Nationalität oder welchen Glaubens, wir sind hier alle betroffen.

Wo uns die **Konzerne** als Konsumierende haben wollen, müssen wir ihnen als **Bürger\*innen** begegnen. Wo sie uns gegeneinander ausspielen, uns auf unsere habituellen Unterschiede aufmerksam machen, uns darin bestärken, uns mit ihrer Hilfe und ihren Produkten voneinander abzugrenzen, müssen wir ihnen **mit der gleichen Antwort** begegnen: **Protest**. So vielfältig und unterschiedlich dieser auch ausgeprägt sein mag.

Nein, es geht hier nicht um den Rückzug in den Wald, um ein Leben frei von der Nutzung der Produkte der Konzerne, das ist gar nicht mehr möglich. Es geht darum festzulegen, unter welchen Bedingungen sie künftig produziert werden dürfen. Es geht darum durchzusetzen, dass Menschen nicht länger von diesen Unternehmen ausgebeutet und die Welt nicht länger von ihnen zerstört wird. Denn wenn wir uns schließlich nicht einmal mehr trauen, diesen Anspruch zu formulieren, dann sind wir wahrlich verloren. Wir wollen lediglich erreichen, dass die Pizza, das Smartphone und der Turnschuh auf eine Weise hergestellt werden müssen, dass dabei keine Grundrechte verletzt und keine Lebensräume vernichtet werden. Und wir wollen, dass diejenigen, die diese Produkte erzeugen, sich nicht länger vor ihrer Verantwortung drücken können, ihren Beitrag zur Finanzierung des Gemeinwohls zu leisten. Wenn wir das durchsetzen können, dann haben wir schon viel erreicht.

Lasst euch niemals einreden, dass eine gerechte Welt nicht möglich wäre, wir erleben ja jeden Tag aufs Neue, wie viel Unrecht möglich ist, weil manche es so wollen. Lasst euch niemals erklären, ihr würdet komplexe Zusammenhänge nicht verstehen, denn es ist nichts komplex an dem Umstand, dass einige wenige sich auf Kosten vieler bereichern. Und lasst euch niemals verunsichern in eurer Hoffnung, dass wir das, wonach wir streben, irgendwann auch erreichen können. Denn die Geschichte lehrt uns, dass jedes Unrecht eines Tages zu einem Ende kommt, wenn eine hinreichende Anzahl an Menschen bereit ist, sich dagegen zu erheben. Ihr könnt der Tropfen sein, der das Fass zum Überlaufen bringt. Um mit Bert Brecht zu schließen: Ändern wir die Welt, sie braucht es.

# Quellen

1  Stefan Sell: Aktuelle Sozialpolitik, online unter:
   https://aktuelle-sozialpolitik.de/2020/07/13/
   toennies-und-die-doppelt-vergessenen-unsichtbaren/

2  Jonas Seufert, Lukas Grajewski: Das große Warten, online unter:
   https://taz.de/Toennies-Beschaeftigte-in-Quarantaene/!5694553/

3  AVEC Poultry, online unter: https://avec-poultry.eu/resources/
   avec-reports/

4  Martin Eggert Hansen: Meat processing workers: Occupational
   report, online unter: https://euagenda.eu/upload/publications/
   untitled-178347-ea.pdf

5  Clara Nack: Europäische Fleischindustrie als Corona-Infektionsherd,
   online unter: https://www.dw.com/de/europ%C3%A4ische-fleischin-
   dustrie-als-corona-infektionsherd/a-53955048

6  Ministerium für Arbeit, Gesundheit und Soziales des Landes Nordrhein-Westfalen, online unter: https://landtag.nrw.de/portal/WWW/
   dokumentenarchiv/Dokument/MMV17-3622.pdf

7  Landesregierung Nordrhein-Westfalen, online unter: https://www.
   land.nrw/de/pressemitteilung/minister-laumann-preiskampf-der-
   fleischwirtschaft-nicht-zu-lasten-von-arbeitnehmern

8  European Federation of Food Agriculture and Tourism Trade
   Unions: EFFAT Report, online unter: https://effat.org/wp-content/
   uploads/2020/06/Draft-EFFAT-Report-Covid-19-outbreaks-in-
   slaughterhouses-and-meat-packing-plants.pdf

9  Merlind Theile: „Sie übernehmen für die Arbeitskräfte
   praktisch keine Verantwortung", online unter: https://
   www.zeit.de/politik/2020-05/fleischindustrie-corona-
   ansteckungsgefahr-arbeitsverhaeltnisse-ausbeutung/
   komplettansicht

10 European Parliamentary Research Service: The EU pig meat sector,
   online unter: https://www.europarl.europa.eu/RegData/etudes/
   BRIE/2020/652044/EPRS_BRI(2020)652044_EN.pdf

11  O. A.: US-Geflügelindustrie: Arbeiter dürfen nicht aufs Klo, online unter: https://www.derstandard.at/story/2000036974413/harte-jobs-in-us-gefluegelindustrie-arbeiter-duerfen-nicht-aufs-klo

12  Katrin Terpitz: Tönnies blitzt im Streit um Kritik von Ralf Stegner vor Gericht ab, online unter: https://www.handelsblatt.com/unterneh-men/handel-konsumgueter/vorwurf-der-ueblen-nachrede-toennies-blitzt-im-streit-um-kritik-von-ralf-stegner-vor-gericht-ab/26114268.html

13  Agrarheute: Wer war Schuld am Schweinestau?, online unter: https://www.agrarheute.com/management/agribusiness/war-schuld-schweinestau-toennies-schliessung-geht-gericht-579008

14  Regina Seibel: Tönnies will Geld von Aktivisten, online unter: https://taz.de/Schadensersatz-nach-Schlachthofblockade/!5702209/

15  Sebastian Bohrn Mena: Besser Essen. Wien 2020

16  Tjerk Brühwiller: Brasiliens Regenwald stirbt dahin, online unter: https://www.faz.net/aktuell/politik/ausland/brasilien-regenwald-abholzung-nimmt-stark-zu-17079559.html

17  Nancy L. Harris et al.: Global maps of twenty-first century forest carbon fluxes, online unter: https://www.nature.com/articles/s41558-020-00976-6.epdf

18  Heinrich Böll Stiftung: Fleischatlas 2021, online unter: https://www.boell.de/de/de/fleischatlas-2021-jugend-klima-ernaehrung

19  Greenpeace: Gülle ohne Grenzen, online unter: https://www.green-peace.de/themen/landwirtschaft/guelle-ohne-grenzen

20  EU-RL 91/676/ EWG

21  Bundesinstitut für Risikobewertung: Fragen und Antworten zu Nitrat und Nitrit in Lebensmitteln, online unter: https://www.bfr.bund.de/cm/343/fragen-und-antworten-zu-nitrat-und-nitrit-in-lebensmitteln.pdf

22  Statistik Austria, Versorgungsbilanz 2019

23  Lobby Control: Lobbyismus in der EU, online unter: https://www.lobbycontrol.de/schwerpunkt/lobbyismus-in-der-eu/

24  Tagesschau, https://www.tagesschau.de/investigativ/panorama/toen-nis-gabriel-berater-101.html

25  Deutsches Tiefkühlinstitut: Absatzstatistik 2020, online unter: https://www.tiefkuehlkost.de/tk-fuer-alle/aktuelles/marktdaten1/absatzstatistik2020

26  IMAS, ÖVA 2020

27  https://www.italianfood.net/suppliers/steriltom-bkPPRmq3kDc~a9c

28  https://www.steriltom.com

29  Eurostat

30  Statistisches Bundesamt, 2019

31  WTO

32  Neil Howard, Roberto Forin: Migrant workers, ,modern slavery' and the politics of representation in Italian tomato production, online unter: https://doi.org/10.1080/03085147.2019.1672426

33  ISTAT 2020

34  Neil Howard, Roberto Forin: Migrant workers, ,modern slavery' and the politics of representation in Italian tomato production, online unter: https://doi.org/10.1080/03085147.2019.1672426

35  Statista: Pro-Kopf-Konsum von Fleisch- und Wurstwaren in Deutschland nach Art 2019

36  European Federation of Food Agriculture and Tourism Trade Unions: EFFAT Report, online unter: https://effat.org/wp-content/uploads/2020/06/EFFAT-Report-Covid-19-outbreaks-in-slaughterhouses-and-meat-packing-plants-State-of-affairs-and-proposals-for-policy-action-at-EU-level.pdf

37  Ebd.

38  Heinrich Böll Stiftung: Fleischatlas 2021, online unter: https://www.boell.de/de/de/fleischatlas-2021-jugend-klima-ernaehrung

39  Claudia Wüstenhagen: „Die Wahrheit über unser Essen", Die Zeit, 5. August 2009

40  European Federation of Food Agriculture and Tourism Trade Unions: EFFAT Report, online unter: https://effat.org/wp-content/uploads/2020/06/EFFAT-Report-Covid-19-outbreaks-in-slaughterhouses-and-meat-packing-plants-State-of-affairs-and-proposals-for-policy-action-at-EU-level.pdf

41 Marianne Allweiss: Die Sache mit den Sündenböcken, online unter: https://www.deutschlandfunkkultur.de/laschet-und-der-corona-hot-spot-fleischindustrie-die-sache.2165.de.html?dram:article_id=478921

42 IUF consultation with Imperial College, London, online unter: https://effat.org/wp-content/uploads/2020/06/Draft-EFFAT-Report-Covid-19-outbreaks-in-slaughterhouses-and-meat-packing-plants.pdf

43 ATTAC: Wer profitiert von den niedrigen Preisen?, online unter: https://www.attac-netzwerk.de/ag-welthandelwto/milchpulver/rolle-der-molkereien

44 Stellungnahme von Hochwald Foods GmbH, 4.5.2021

45 Statistisches Bundesamt

46 Schweizer Milchproduzenten SMP

47 Statistik Austria, AMA: Kennzahlen der österreichischen Milchwirtschaft

48 Bundesanstalt für Landwirtschaft und Ernährung

49 Statistisches Bundesamt

50 Redaktionsnetzwerk Deutschland

51 Food and Agriculture Organization of the United Nations: Dairy Market Review 2020

52 Stellungnahmen von Nestlé durch Head of Corporate Communications & Public Affairs, am 8. April 2021

53 International Grains Council, online unter: http://www.igc.int/en/gmr_summary.aspx#

54 TÜV SÜD: Lebensmittel- und Futtermittelsicherheit, online unter: https://www.messweb.de/wiso-tipps/wo-kommt-unser-getreide-her

55 Ebd.

56 Bundesanstalt für Landwirtschaft und Ernährung: Bericht zur Markt- und Versorgungslage Getreide 2020

57 Umweltbundesamt: Pflanzenschutzmittelverwendung in der Landwirtschaft, online unter: https://www.umweltbundesamt.de/daten/land-forstwirtschaft/pflanzenschutzmittelverwendung-in-der#zulassung-von-pflanzenschutzmitteln

58 https://www.original-wagner.de/qualitaet/zutaten

59  https://www.nestle.com/supply-chain-disclosure

60  Nestlé: Supply Chain Disclosure for Cereals (corn and wheat) –
    Uppstream Supply Chain

61  Christoph Schlautmann, Katrin Terpitz: Tönnies – So steht Deutsch-
    lands größter Schlachtereikonzern finanziell da, online unter: https://
    www.handelsblatt.com/unternehmen/handel-konsumgueter/krise-
    beim-fleischkonzern-toennies-so-steht-deutschlands-groesster-
    schlachtereikonzern-finanziell-da/25959118.html

62  O. A.: Fleischfabrikant trickst Kartellamt aus – 128 Millionen Euro
    weg, online unter: https://www.spiegel.de/wirtschaft/unternehmen/
    clemens-toennies-trickst-kartellamt-aus-128-millionen-euro-
    weg-a-1117329.html

63  O. A.: Falsche Hackfleischmischungen von Tönnies, online unter:
    https://www.tagesspiegel.de/gesellschaft/panorama/etikettenschwin-
    del-falsche-hackfleischmischungen-von-toennies/3872344.html

64  Annika Ross: Tönnies: Eine Frau hebt den Sumpf
    aus, online unter: https://www.emma.de/artikel/
    schweinerei-eine-frau-hebt-toennies-sumpf-aus-337907

65  O. A.: Kameras im Umkleideraum, online unter: https://www.sued-
    deutsche.de/wirtschaft/bussgeld-fuer-fleischverarbeiter-toennies-
    kameras-im-umkleideraum-1.698260

66  O. A.: Clemens Tönnies empört mit rassistischen Aussagen, online
    unter: https://www.spiegel.de/wirtschaft/unternehmen/clemens-toen-
    nies-empoert-mit-rassistischen-aussagen-ueber-afrikaner-a-1280178.
    html

67  Hanno Mussler: Prominente mit dubiosen Fonds, online unter:
    https://www.faz.net/aktuell/wirtschaft/maschmeyer-toennies-und-
    prinz-prominente-mit-dubiosen-fonds-12854319.html

68  O. A.: Kinderarbeit auf Kakaoplantagen: Sammelklage gegen Nestlé
    und Barry Callebaut, online unter: https://www.handelszeitung.ch/
    unternehmen/kinderarbeit-auf-kakaoplantagen-sammelklage-gegen-
    nestle-und-barry-callebaut

69  Humanrights.ch: Nestlé angeklagt wegen Zwangsarbeit für Kinder,
    online unter: https://www.humanrights.ch/de/ipf/menschenrechte/
    wirtschaft/nestle-angeklagt-zwangsarbeit

70 Tobias Käufer: Tödliche Jagd auf Gewerkschaftler, online unter: https://www.zeit.de/wirtschaft/unternehmen/2013-11/kolumbien-ermordung-nestle-gewerkschaftler

71 Katharina Grimm: Diese Skandale ruinieren Nestlé das Image, online unter: https://www.stern.de/wirtschaft/news/nestl%C3%A9--die-skandale-der-vergangenen-jahre-6475346.html

72 Ärzte gegen Tierversuche: Nestlé lässt Tausende Mäuse leiden, online unter: https://www.aerzte-gegen-tierversuche.de/de/news/aktuelle-news/2689-nestle-laesst-tausende-maeuse-leiden

73 Jana Glose: Warum Nestlé so unbeliebt ist, online unter: https://www.handelsblatt.com/unternehmen/handel-konsumgueter/lebensmittel-konzern-warum-nestle-so-unbeliebt-ist/26287122.html

74 Tianyi Gu: 43% of Active Smartphones Will Be 5G-Ready by 2023: The Global Mobile Market Is on Track for Substantial Growth and Game-Related Engagement, online unter: https://newzoo.com/insights/articles/mobile-game-market-2020-smartphone-users-game-reve-nues-5g-ready-engagement/

75 Bitkom: Smartphone-Markt: Konjunktur und Trends, online unter: https://www.bitkom.org/sites/default/files/2021-02/bitkom-presse-konferenz-smartphone-markt-25-02-2021_0.pdf

76 Counterpoint Research, 2021

77 https://www.apple.com/newsroom/pdfs/FY21_Q2_Consolidated_Financial_Statements.pdf

78 https://www.apple.com/supplier-responsibility/

79 https://www.apple.com/de/supplier-responsibility/pdf/Apple-Sup-plier-List.pdf

80 Jason Dedrick, Kenneth L. Kraemer: Intangible assets and value capture in global value chains: the smartphone industry, 2017

81 Katharina Hagemann: Menschenrechtsverletzungen im internatio-nalen Wirtschaftsrecht. Eine Untersuchung anhand der Wertschöp-fungskette von Mobiltelefonen. Wiesbaden 2019

82 Leah Temper, Daniela del Bene and Joan Martinez-Alier. 2015. Mapping the frontiers and front lines of global environmental justice: the EJAtlas. Journal of Political Ecology 22: 255-278, online unter: http://jpe.library.arizona.edu/volume_22/Temper.pdf

83 EY: Why mineral supply may be an e-mobility roadblock, online unter: https://www.ey.com/en_gl/mining-metals/why-mineral-supply-may-be-an-e-mobility-roadblock

84 Bundesanstalt für Geowissenschaften und Rohstoffe: Analyse des artisanalen Kupfer-Kobalt-Sektors in den Provinzen Haut-Katanga und Lualaba in der Demokratischen Republik Kongo, 2019

85 Ebd.

86 Michael Brächer: Korruptionsermittlungen gegen Glencore – Aktie schmiert ab, online unter: https://www.handelsblatt.com/unternehmen/industrie/rohstoffriese-unter-verdacht-korruptionsermittlungen-gegen-glencore-aktie-schmiert-ab/25304108.html

87 Bundesanstalt für Geowissenschaften und Rohstoffe: Analyse des artisanalen Kupfer-Kobalt-Sektors in den Provinzen Haut-Katanga und Lualaba in der Demokratischen Republik Kongo, 2019

88 Ebd.

89 EbO.

90 UNICEF: Mapping Child Labour Risks in Global Supply Chains, online unter: https://www.unicef.nl/files/Child%20Labour%20in%20Global%20Supply%20Chains.pdf

91 Rüttinger et al. (2014): Fallstudie zur Kupfergewinnung in Grasberg, Indonesien. Berlin: adelphi

92 Bäuerle et al. (2011): Earthworks und MiningWatch Canada 2012

93 Rüttinger et al. (2014): Fallstudie zur Kupfergewinnung in Grasberg, Indonesien. Berlin: adelphi

94 Jakarta Globe 2013

95 DirtyMetalsMining, Communities and the Environment. A Report by Earthworks and Oxfam America, online unter: https://www.earthworks.org/cms/assets/uploads/archive/files/publications/NDG_DirtyMetalsReport_HR.pdf

96 https://www.reprisk.com/news-research/year:2012#2012-12-06-reprisk-attends-the-bloomberg-businessweek-global

97 International Federation for Human Rights: Annual Report 2011

98 ICP (Human Rights and Peace for Papua) (2013) und Olsson, S. (2013): Mining in Conflicted Lands: Lessons from Freeport-McMoRan in Indonesia in International Financial Flows and the Environment. School of International Service American University

99 Exner et al.: Kritische Metalle in der Großen Transformation. Berlin/Heidelberg 2016

100 Wirtschaftswoche: Seltene Erden – Kampf um den Abbau der Technologie-Rohstoffe, online unter: https://www.wiwo.de/technologie/wirtschaft-von-oben/wirtschaft-von-oben-27-seltene-erden-kampf-um-den-abbau-der-technologie-rohstoffe/25314482.html

101 O. A.: Auf der dunklen Seite des Fortschritts, online unter: https://orf.at/v2/stories/2272650/2272651/

102 Rüttinger et al. (2014): Fallstudie zu den Umwelt-und Sozialauswirkungen der Gewinnung SeltenerErden in Bayan Obo, China. Berlin: adelphi

103 Ebd.

104 Hurst, C. (2010): China's rare earth elements industry: What can the west learn? Institute for the Analysis of Global Security (IAGS)

105 Schüler, D.; Buchert, M.; Ran, L.; Dittrich, S. und Merz, C. (2011): Study on Rare Earth an Their Recycling. Final Report for the Greens/EFA Group in the European Parliament and ÖkoInstitut

106 Cécile Bontron: Rare-earth mining in China comes at heavy cost for local villages, online unter: https://www.theguardian.com/environment/2012/aug/07/china-rare-earth-village-pollution

107 Hurst, C. (2010): China's rare earth elements industry: What can the west learn? Institute for the Analysis of Global Security (IAGS)

108 https://fortune.com/global500/2020/search/?fg500_industry=Electronics%2C%20Electrical%20Equip

109 Kaitlyn Stimage: „The World's Largest Employers", WorldAtlas, February 15, 2018, online unter: https://www.worldatlas.com/articles/the-world-s-largest-employers.html

110 O. A.: Suizid-Serie bei Foxconn hält an, online unter: https://www.zeit.de/wirtschaft/unternehmen/2010-05/foxconn-selbstmord

111 Tom Bryson: Workers' Rights and Technology, online unter: https://www.ethicalconsumer.org/technology/workers-rights-technology

112 Ebd.

113 https://www.fairphone.com/de/2020/12/18/living-wage/

114 Jenny Chan, Mark Selden, Pun Ngai: Dying for an iPhone. Apple, Foxconn, and the Lives of China's Workers, 2020

115 Europäische Kommission: Irland muss bis zu 13 Milliarden Euro Steuern von Apple nachfordern, online unter: https://ec.europa.eu/germany/news/irland-muss-bis-zu-13-milliarden-euro-steuern-von-apple-nachfordern_de

116 https://www.reebok.at/reebok-royal-techque-t/BS9088.html

117 https://report.adidas-group.com/2019/de/konzernlagebericht-unser-unternehmen/nachhaltigkeit/unsere-fortschritte/produktsicherheit-und-transparenz.html

118 https://www.adidas.at/

119 https://www.adidas-group.com/de/nachhaltigkeit/produkte/materialien/

120 https://report.adidas-group.com/2020/de/serviceseiten/downloads/files/annual-report-adidas-gb20.pdf

121 Adidas Group: Geschäftsbericht 2020, online unter: https://report.adidas-group.com/2020/de/serviceseiten/downloads/files/annual-report-adidas-gb20.pdf

122 Arte: Fast Fashion – Die dunkle Welt der Billigmode, online unter: https://www.youtube.com/watch?v=GaJlVIMxG7k

123 De Souza Machado et al.: Microplastics as an Emerging Threat to Terrestrial Ecosystems, 2018

124 PlasticsEurope, online unter: https://www.plasticseurope.org/de

125 Juliane Fliegenschmidt: Von wegen Recycling-Weltmeister, online unter: https://www.tagesschau.de/faktenfinder/kurzerklaert/kurz-erklaert-recycling-101.html

126 WWF: Solving plastic pollution through accountability, 2019

127 Statistisches Bundesamt, 2021

128 Roland Geyer, Jenna R. Jambeck, Kara Lavender: Law, Production, Use, and Fate of All Plastics Ever Made, 2017

129 Aufnahme von Mikroplastik aus der Umwelt beim Menschen. Eine Analyse für WWF von Dalberg und University of Newcastle, Australia

130 K. Senathirajah, T. Palanisami, University of Newcastle: How much microplastics are we ingesting? Estimation of the mass of microplastics ingested. Bericht für WWF Singapur, Mai 2019

131 BP Statistical Review of World Energy 2020, online unter: https://www.bp.com/content/dam/bp/business-sites/en/global/corporate/pdfs/energy-economics/statistical-review/bp-stats-review-2020-full-report.pdf

132 Greenpeace: Erdöl – Gefahr für Umwelt, Klima und Menschen, online unter: https://www.greenpeace.de/sites/www.greenpeace.de/files/erdoel_gefahr_fuer_die_umwelt_0.pdf

133 Arte: Fast Fashion – Die dunkle Welt der Billigmode, online unter: https://www.youtube.com/watch?v=GaJlVIMxG7k

134 Sundar, V. J. et al. (2001): Water Management in Leather Industry, In: Journal of Scientific & Industrial Research, Band 60, 443–450

135 Carolin Wahnbaeck: Was Sie wirklich über Leder wissen müssen, online unter: https://www.geo.de/wissen/17727-rtkl-leder-faq-was-sie-wirklich-ueber-leder-wissen-muessen

136 Regierung Indiens, Ministerium für Handel und Industrie (2017): Towards Sustainable and Lasting Growth, Jahresbericht 2016–2017

137 Ministerium für Handel und Industrie (2015): Development of Tannery/Leather Industry

138 The All India Skin and Hide Tanners and Merchants Association (AISHTMA): Tamil Nadu in Leather Map of World

139 Indien-Komitee der Niederlande (2017): Do Leather Workers Matter? Violating Labour Rights and Environmental Norms in India's Leather Production

140 Südwind Institut: Zeigt her Eure Schuhe! Sozialeund ökologische Auswirkungen von Gerbereien in Uttar Pradesh und Tamil Nadu in Indien, online unter: https://www.suedwind-institut.de/alle-verfueg-baren-publikationen/fs_zeigt_her_eure_schuhe_soziale_und_oeko-logische_auswirkungen_von_gerbereien_in_uttar_pradesh_und_tamil_nadu_in_indien.html

141 Ebd.

142 Carolin Wahnbaeck: Was Sie wirklich über Leder wissen müssen, online unter: https://www.geo.de/wissen/17727-rtkl-leder-faq-was-sie-wirklich-ueber-leder-wissen-muessen

143 Südwind Institut: Zeigt her Eure Schuhe! Soziale und ökologische Auswirkungen von Gerbereien in Uttar Pradesh und Tamil Nadu in Indien, online unter: https://www.suedwind-institut.de/alle-verfueg-baren-publikationen/fs_zeigt_her_eure_schuhe_soziale_und_oeko-logische_auswirkungen_von_gerbereien_in_uttar_pradesh_und_tamil_nadu_in_indien.html

144 Rangasamy, S. et al. (2015): Chromium contamination in soil and groundwater due to tannery wastes disposals at Vellore district of Tamil Nadu, In: International Journal of Environmental Sciences, Band 6, Nr. 1, 114–124

145 The Hindu (2013): TNPCB closes CETP, 56 tanneries, Printausgabe – 28. November 2013

146 Avudainayagam, S. et al. (2003): Chemistry of Chromium in Soils with Emphasis on Tannery Waste Sites

147 European Commission (2013): Beste verfügbare Technik Reference Document for the Tanning of Hides and Skins

148 Kanagaraj, J. et al. (2006): Solid wastes generation in the leather indus-try and its utilization for cleaner environment – A review. In: Journal of Scientific & Industrial Research, Band 65, 541–548

149 Südwind Institut: Zeigt her Eure Schuhe! Soziale und ökologische Auswirkungen von Gerbereien in Uttar Pradesh und Tamil Nadu in Indien, online unter: https://www.suedwind-institut.de/alle-verfueg-baren-publikationen/fs_zeigt_her_eure_schuhe_soziale_und_oeko-logische_auswirkungen_von_gerbereien_in_uttar_pradesh_und_tamil_nadu_in_indien.html

150    Adidas: Geschäftsbericht 2020, online unter: https://report.adidas-group.com/2020/de/serviceseiten/downloads/files/annual-report-adidas-gb20.pdf

151    World Footwear Yearbook 2018, online unter: https://www.worldfoot-wear.com/news/the-world-footwear-2018-yearbook/3292.html

152    International Labour Organization: One in ten Vietnamese youngsters aged 5–17 in child labour, online unter: https://www.ilo.org/hanoi/Informationresources/Publicinformation/newsitems/WCMS_237788/lang--en/index.htm

153    Humanium: Die Verwirklichung der Kinderrechte in Vietnam, online unter: https://www.humanium.org/de/vietnam/

154    https://www.aktiv-gegen-kinderarbeit.de/2014/03/die-fortwaehrende-spirale-von-armut-und-kinderarbeit-in-vietnam/

155    Tansy E. Hoskins: Foot Work – What your Shoes are doing with the world, 2020

156    Oxfam Deutschland: Ausbeutung in Vietnam: 1.200 Paar Schuhe für 9 Dollar, online unter:https://www.oxfam.de/multimedia/ausbeutung-vietnam-1200-paar-schuhe-9-dollar

157    Adidas: Geschäftsbericht 2020, online unter: https://report.adidas-group.com/2020/de/serviceseiten/downloads/files/annual-report-adidas-gb20.pdf

158    https://www.adidas-group.com/de/nachhaltig-keit/nachhaltigkeitsmanagement/menschenrechte/umgang-mit-unserer-beschaffungskette/

159    Tansy E. Hoskins: Foot Work – What your Shoes are doing with the world, 2020

160    https://cleanclothes.org/news/2018/03/14/clean-clothes-campaign-files-complaint-against-adidas-for-breaching-oecd-guidelines-in-indonesia

161    https://www.adidas-group.com/media/filer_public/69/1d/691d6520-d1f9-4549-8a94-744dc49ab6ca/adidas_response_to_clean_clothes_campaign_open_letter_on_panarub_dwikarya.pdf

162    Tansy E. Hoskins: Foot Work – What your Shoes are doing with the world, 2020

163 https://fair-oceans.info/unsere-themen/
fair-transport/#tab-id-1-active

164 Fair Oceans: Fairer Transport. Arbeitsbedingungen, Internationale Logistikketten und Nord-Süd-Gerechtigkeit, online unter: https:// fair-oceans.info/wp-content/uploads/2020/04/Fair-Oceans-Fair-Transport.pdf

165 Ebd.

166 HHLA-Magazin: Neue Seidengleise zwischen China und Europa – Drehscheibe Hamburg, online unter: https://hhla.de/magazin/ die-neuen-seidengleise

167 Alphaliner.com

168 Fair Oceans: Fairer Transport. Arbeitsbedingungen, Internationale Logistikketten und Nord-Süd-Gerechtigkeit, online unter: https:// fair-oceans.info/wp-content/uploads/2020/04/Fair-Oceans-Fair-Transport.pdf

169 Ebd.

170 Bundesverband der Deutschen Luftverkehrswirtschaft: Klimaschutzreport, online unter: https://www.bdl.aero/de/publikation/ klimaschutzreport/

171 Statista: Anteil der Verkehrsträger an den weltweiten $CO_2$-Emissionen aus der Verbrennung fossiler Brennstoffe im Jahr 2018, online unter: https://de.statista.com/statistik/daten/studie/317683/umfrage/ verkehrsttraeger-anteil-co2-emissionen-fossile-brennstoffe/

172 Eurostat: Zusammengefasster jährlicher Straßengüterverkehr nach der Art des Einsatzes und der Verkehrsart (1 000 t, Mio. Veh-km)

173 European Commission: Statistical pocketbook 2020, online unter: https://ec.europa.eu/transport/facts-fundings/statistics/ pocketbook-2020_en

174 Ebd.; https://www.wilke-maack.de/wp-content/uploads/2020/07/ report_social_conditions_in_logistics.pdf

175 Die Zeit, 27.12.2016

176 China Statistical Yearbook 2016

177 https://www.sec.gov/Archives/edgar/ data/104169/000010416921000022/earningspresentationfy21.htm

178 Redaktionsnetzwerk Deutschland, 25.5.2021

179 Guardian, 16.12.2019

180 http://iradvocates.org/sites/iradvocates.org/files/stamped%20-Com-plaint.pdf – eigene Übersetzung

181 https://www.pacermonitor.com/public/case/31414996/DOE_1_et_al_v_APPLE_INC_et_al

182 Labournet, https://www.labournet.de/

183 Publications Office of the EU: Study on due diligence requirements through the supply chain, online unter: https://op.europa.eu/en/pub-lication-detail/-/publication/8ba0a8fd-4c83-11ea-b8b7-01aa75ed71a1/language-en

184 https://www.europarl.europa.eu/doceo/document/A-9-2021-0018_DE.html

185 Europäisches Parlament, Pressemitteilung 28.1.2021

186 Frankfurter Allgemeine Zeitung, 30.5.2021

187 Augsburger Allgemeine, 28.5.2021

188 O. A.: Bundestag beschließt Lieferkettenge-setz, online unter: https://www.dw.com/de/bundestag-beschlie%C3%9Ft-lieferkettengesetz/a-57854093

189 Fortune, https://fortune.com/global500/2020/search/?fg500_profits=desc

190 FAO 2020

191 Alexander Hagelüken: Gefährliche Konzentration der Macht, online unter: https://www.sueddeutsche.de/wirtschaft/konzerne-macht-monopole-1.4469523

Alle Weblinks wurden zuletzt am 29.6.2021 abgerufen.

# Quellen Infografiken

S. 16, 42, 51, 54, 72: Heinrich Böll Stiftung: Fleischatlas 2021, online unter:
https://www.boell.de/de/de/fleischatlas-2021-jugend-klima-
ernaehrung

S. 62: Statista, Bundesministerium für Ernährung und Landwirtschaft

S. 85: Bitkom: Markt rund um Smartphones wächst auf 36 Milliarden Euro,
online unter: https://www.bitkom.org/Presse/Presseinformation/
Markt-rund-um-Smartphones-waechst-auf-36-Milliarden-Euro

S. 140: Adidas Group: Geschäftsbericht 2020, online unter: https://report.
adidas-group.com/2020/de/serviceseiten/downloads/files/annual-
report-adidas-gb20.pdf

# Dank

Wir möchten dieses Buch mit einem Dank beschließen. Denn nichts von dem, was wir in der Lage sind zu bewegen, wäre ohne die Unterstützung vieler, vieler Menschen möglich.

Beginnen wollen wir beim Brandstätter Verlag, der uns eine neue publizistische Heimat gegeben hat. Ein besonderer Dank gebührt dabei Judith E. Innerhofer und Teresa Profanter, die uns geholfen haben, das Beste aus unserem Werk zu machen. Vielen Dank auch unserem Team – Carina Kobler, Sarah Siemers, Robert Blöschl und Lena Schilling – für die Unterstützung bei der Recherche und die Zusammenarbeit in der Bürgerinitiative.

Bei den großartigen Menschen in und um unsere Gemeinwohlstiftung COMÚN möchten wir uns an dieser Stelle ebenfalls bedanken. Allen voran bei unseren Beirätinnen und Beiräten, aber auch bei den vielen Unterstützerinnen und Unterstützern. Und natürlich bei den ersten Proponent*innen des Komitees der Bürgerinitiative für ein Lieferkettengesetz, die mit uns den Weg beschreiten: Stella Whitney Adamu-Fuhs, Noomi Anyanwu, Astrid Aschenbrenner, Magdalena Baran-Szoltys, Vivien Belschner, Christian Berger, Daniela Brodesser, Andrea Markus Bürger, Maria Dusl, Martina Ebm, Beatrice Frasl, Martin Gruber-Risak, Kathrin Hartmann, Lisz Hirn, Martin Hochegger, Sigrid Horn, Hans-Peter Hutter, Lena Jäger, Lioba Kasper, Judith Kohlenberger, Helga Kromp-Kolb, Siegfried Kröpfl, Katharina Kropshofer, Daniel Landau, Katharina Mader, Flavia Matei, Michael Mazohl, Mieze Medusa, Robert Misik, Emina Mujagić, Manfred Nowak, Walter O. Ötsch, Kathrin Quatember, Julya Rabinowich, Miriam Rehm, Michaela Russmann, Oliver Scheiber, Lena Schilling,

Susanne Scholl, Stephan Schulmeister, Stefan A. Sengl, Michael Soder, Alma Steger, Christine Stromberger, Brigitte Theißl, Sebastian Thieme, Barbara van Melle, Jean Ziegler, Simon Ziegler, Max Zirngast.

Danken möchten wir außerdem Kathrin Hartmann und Jean Ziegler im Besonderen, die durch ihre wichtige Arbeit und ihr unermüdliches Engagement für uns wie Leuchttürme wirken, an denen wir uns orientieren können. Was sie geschaffen haben, ist wie ein Fundament, auf dem wir aufbauen können und müssen. Es ist eine große Ehre und Freude für uns, sie zudem als Unterstützer*innen an unserer Seite zu wissen.

Der größte Dank gilt aber unserem Sohn Tristan. Er ist uns eine stete Quelle der Inspiration, Motivation und Mahnung zugleich, dass wir niemals aufhören zu versuchen, die Welt ein Stück gerechter zu machen. Wir haben dieses Buch für ihn geschrieben, aber wir verdanken es auch ihm. Denn ohne das Bewusstsein, das uns seine pure, wundervolle Existenz beschert hat, wären wir wohl gar nicht in der Lage gewesen zu verstehen, wieso das alles nötig ist.

Und nicht zuletzt möchten wir uns bei den Leserinnen und Lesern dieses Buches bedanken. Tragen Sie unsere Gedanken bitte in die Welt und beleben sie diese durch Ihre Tat. Erst wenn das, was wir hier zusammengetragen haben, eine entsprechende Verbreitung findet, können wir den Wandel herbeiführen, den wir uns so sehr für uns und unsere Nachkommen wünschen. Ihr Beitrag ist dabei von entscheidender Bedeutung. Vielen Dank dafür!

## Veronika Bohrn Mena

ist Arbeitsmarktexpertin und Autorin. Die gelernte Fotografin wirkte in ihrer Studienzeit als Sprecherin der Plattform Generation Praktikum. Sie war beruflich rund zehn Jahre lang im Österreichischen Gewerkschaftsbund tätig und fokussierte sich dabei auf die Unterstützung von prekär Beschäftigten. Sie ist Vorsitzende der Gemeinwohlstiftung COMÚN und Sprecherin der Bürgerinitiative für ein Lieferkettengesetz.

\*\*\*

## Sebastian Bohrn Mena

ist chilenisch-österreichischer Ökonom und Publizist. Der gelernte Buchhändler absolvierte Studien der Unternehmensführung und der Psychotherapiewissenschaft. Beruflich war er u.a. in der universitären Forschung und als Leiter einer Volkshochschule tätig. Er initiierte das Tierschutzvolksbegehren, das von über 416.000 Menschen unterschrieben wurde, und ist Herausgeber des Mediums *oekoreich*.

## Liebe Leserin, lieber Leser,

Hat Ihnen dieses Buch gefallen?
Wollen Sie weitere Informationen zum Thema?
Möchten Sie mit den Autor*innen in Kontakt treten?
Wir freuen uns auf Austausch und Anregung!

**leserbrief@brandstaetterverlag.com**

Brandstätter Verlag
Wickenburggasse 26, 1080 Wien
Telefonnummer: 0043 1 512 15 430

**Wir sagen Danke. Bleiben wir in Verbindung!**
**Lassen Sie sich inspirieren!**

**Gute Geschichten, schöne Geschenkideen auf**
**www.brandstaetterverlag.com**

**Teilen macht Freude!**
**#konzerneandiekette! #lieferkettengesetz #ausbeutungstoppen**

### Wir tragen Verantwortung

Dieses Buch wurde auf hochwertigem FSC©-
zertifizierten Naturpapier gedruckt. Das Forest
Stewardship Council® ist eine internationale
Nicht-Regierungsorganisation, die weltweit
eine umweltfreundliche, sozial gerechte und
wirtschaftlich tragfähige Bewirtschaftung der
Wälder fördert.
Die Druckerei ist FSC®-zertifiziert (FSC-
C106600); als Mitglied von ClimatePartner
ermöglicht die Druckerei ihren Kunden die
Option von klimaneutralen Produktionen.
Diese international anerkannten, unabhängigen und regelmäßig überprüften Standards
gewährleisten eine umweltgerechte, sozial
verträgliche, nachhaltige und ökonomisch
tragfähige Nutzung entlang der gesamten
Wertschöpfungskette Holz, vom Baum bis
zum Buch.

1. Auflage 2021
Alle Rechte vorbehalten

Copyright © 2021 by
Christian Brandstätter Verlag, Wien

Designed in Austria, printed in the EU

ISBN: 978-3-7106-0560-4

Cover: Peter Manfredini
Autorenfoto: Gianmaria Gava
Satz: Burghard List
Infografiken: Ute Schindler
Lektorat: Teresa Profanter
Korrektorat: Joe Rabl
Projektleitung: Judith E. Innerhofer